本书获武汉工商学院博士科研基金项目（编号

服务场景对消费者场景依恋及在线行为意向的作用研究

张梅贞 / 著

湖南师范大学出版社
·长沙·

图书在版编目（CIP）数据

服务场景对消费者场景依恋及在线行为意向的作用研究／张梅贞
著. —长沙：湖南师范大学出版社，2025.3
ISBN 978 - 7 - 5648 - 5462 - 1

Ⅰ.①服…　Ⅱ.①张…　Ⅲ.①消费者—行为分析—研究　Ⅳ.①
F713.55

中国国家版本馆 CIP 数据核字（2024）第 108954 号

服务场景对消费者场景依恋及在线行为意向的作用研究
Fuwu Changjing Dui Xiaofeizhe Changjing Yilian ji Zaixian Xingwei Yixiang de Zuoyong Yanjiu

张梅贞　著

◇出　版　人：吴真文
◇组稿编辑：李　阳
◇责任编辑：李健宁　李　阳
◇责任校对：谢兰梅
◇出版发行：湖南师范大学出版社
　　　　　　地址/长沙市岳麓区　邮编/410081
　　　　　　电话/0731-88873071　0731-88873070
　　　　　　网址/https：//press. hunnu. edu. cn
◇经销：新华书店
◇印刷：长沙市宏发印刷有限公司
◇开本：710 mm×1000 mm　1/16
◇印张：9.5
◇字数：200 千字
◇版次：2025 年 3 月第 1 版
◇印次：2025 年 3 月第 1 次印刷
◇书号：ISBN 978 - 7 - 5648 - 5462 - 1
◇定价：69. 00 元

凡购本书，如有缺页、倒页、脱页，由本社发行部调换。
投稿热线：0731-88872256　微信：ly13975805626　QQ：1349748847

目 录

绪 论

一、研究背景

（一）社会场景时代的开启

在一个社交化、移动化和场景化的传播时代，信息传播的任务之一是塑造类似真实情景的"面对面"沟通，整合媒介中的社会线索和物理线索，实现虚拟情境的现实化，消除时空的异步性。信息传播正在发生一种转向：由过去单纯的信息传递到今天模拟真实的线下沟通模式，还原人与人之间社会交往场景，实现零距离对话。社会场景时代的到来，与媒介技术的发展有密不可分的联系。可以说，是新兴的媒介技术催生了场景时代的来临。罗伯特·斯考伯等在《即将到来的场景时代》一书中指出场景时代的五种技术力量——大数据、移动设备、社交媒体、传感器和定位系统，并提出互联网将进入的新时代：场景时代。①

社会场景时代的核心之一，是模拟人类真实的社会交往场景。换句话说，就是要构建一个与真实场景类似的社会交往环境。在使用媒介的过程中，感知到媒介场景越"真实"，用户越能够通过媒介场景获得更多的社会线索，会有越高的临场感。Short 等（1976）将社会临场感定义为：人们通过媒介沟通时，一个人被视为真实的人的程度以及与他人联系的感知程

---

① 罗伯特·斯考伯，谢尔·伊斯雷尔. 即将到来的场景时代 [M]. 赵乾坤，周宝曜，译. 北京：北京联合出版公司，2014：6-7.

度。① 这个定义本身就意味着，社会场景时代意味着具有场景要素的媒介拥有高的临场感。Tu（2002）指出，高临场感的环境，能够让消费者不断感受到他人的存在，并且增加消费者与沟通对象建立起"亲密"、"可接近"的关系的可能。②

随着场景时代的来临，企业也开始运用新的媒介技术手段展开场景营销。场景为企业与消费者提供了交流的平台，增强了消费者对企业及产品的联结。企业构建特定的场景，同时还能够加强与消费者的互动交流，通过在线的方式，传递更加丰富的信息，增强消费者对企业的了解和信任。因此，场景的构建成为企业在线平台竞争的主要手段之一。

（二）电商直播的兴起

直播行业从 2016 年开始爆发式增长，至今进入平稳发展期，逐步理性化和工具化。近几年，直播进入稳定健康发展时期。公众对直播需求也逐渐趋向理性。近几年，直播行业逐渐嵌入到人们的日常生活中，呈现出鲜明的工具化特征，成为人们生活的一部分，网络直播的用户规模也稳定增长。

在网络直播的工具化应用方面，电商直播是最典型也是最成功的应用领域之一。电商直播是指电商平台开通的网络直播，以介绍和售卖电商平台产品为主的一种直播形式。电商直播有清晰的商业模式，在吸引网购消费者在电商平台停留，购买转化率等方面具有较出色的表现。同时，电商直播又不会因为内容低俗受政策因素的影响，因此成为众多类型的直播里面，最有发展前景的直播形式。

1. 直播成为电商平台的标准配置

直播逐渐发展成为电商平台的标准配置，电商也进入直播时代。激发观看电商直播的用户的购物欲，也就是"种草"方面效果尤其突出。在各大电商平台闲逛，成为很多女性的日常生活的一部分，她们会在各大电商平台打发自己的碎片化时间，在获得消遣和放松的同时，还能满足购物需求。而电商平台推出直播，可以让用户获得一种更好的"云逛街"的体验。一方

---

① SHORT J, WILLIAMS E, CHRISTIE B. The social psychology of telecommunications [M]. London: John Wiley & Son, Ltd, 1976: 33.

② TU C H. The measurement of social presence in an online learning environment [J]. International journal of e-learning, 2002（1）: 4-6.

面，电商直播的主播有较好的亲和力，又有很好的表达能力和较为丰富的专业知识，消费者还可以在直播中对主播提问，对消费者购买意愿和购买决策有很大的帮助。此外，直播间还会有一些优惠折扣和优惠券，很多日常在电商平台闲逛的人，本身就有较高的网购频率和潜在购买欲望。主播及其他服务人员的讲解正好可以把消费者的购买欲望激发出来。

目前，各个电商平台都将直播作为标准配置。各个电商平台都将直播作为带动销量、提升用户店铺体验的重要手段。早期加入直播的主要是服装美妆行业，现在，越来越多的行业都开始尝试直播，海外购、童装、日用品、家居用品等都开通了直播。而这些直播虽然没有网红店铺规模庞大的粉丝基础和流量，但是也对店铺的浏览量和销量有较大帮助。

2. 电商直播成为用户流量的新入口

尽管中国有规模庞大的网络购物用户，但是今天电商平台已经进入稳步发展期，竞争激烈，想要获得新用户十分困难。电商的用户在中国的一线、二线和三线市场的市场潜力基本挖掘殆尽，四线、五线市场和农村市场用户开发成本较高，因此，各大电商平台都遇到寻找流量和开发新用户的瓶颈。很多电商平台不仅仅在传统的电商平台如淘宝开通直播，还同时在微博、抖音等热门的社交平台和短视频平台开通。这样做的一大好处，便是可以将微博、抖音等平台用户带到电商平台。直播平台就成为一个重要的流量入口。

在电商直播发展的早期阶段，开通直播的主要是一些网红。她们在微博就有上百万的粉丝，为电商平台带来了十分可观的流量和销量。珠宝平台是因直播而发展最好的行业，据统计，珠宝行业的60%成交量来自直播。这可能是由于珠宝单价较高，传统的页面展示很难说服用户购买上万乃至几十万到几百万的珠宝。而直播这种"面对面"的介绍，可以让用户更加直观地"看到"产品的真实样子。同时，支付方面的"鉴赏期"① 为用户提供了资金方面的保证，因此，更愿意通过直播来购买珠宝。

3. 电商直播满足了用户多元化的心理需求

电商直播不仅满足用户了解商品信息的功能性需求，还满足了用户通过

---

① 鉴赏期是珠宝类直播平台提供的一种服务，即购买珠宝在一定金额以上，购买后在几天之内可以无条件退换货。

观看电商直播获得满足感和愉悦感的心理需求。当前，电商直播的用户以女性为主。为什么她们要看直播？这大概因为电商直播是一种逛街的替代品。互联网的发展改变了人们的日常生活方式，她们手机不离身，可以足不出户便在"云端"逛街。此外，逛街的时间成本、经济成本较高。而在电商平台"逛街"却不存在这个问题。用户可以随时随地，哪怕只有几分钟的零碎时间，都可以去逛一逛、看一看。对于用户特别关注的直播间，如果没有看到直播，还可以看回放。日常生活的压力和不满在"云逛街"的过程中带来愉悦感后得到释放和宣泄。所以说，对看电商直播的用户来说，与传统的逛街或者看电视一样，也是一种多元化的需求的满足。

用户通过直播结识了一些人，他们像朋友或熟人一样，为我们提供有价值的信息，态度友好，性格爽朗，风趣幽默。我们乐意去关注并和他们互动。这种以"人"的身份传播的信息，取得了相当大的成功。电商直播让服务人员和用户之间产生了更有广度和深度的连接，产生人际信任与愉悦体验，提升了媒体价值，实现更好的营销传播效果。

二、研究的目的及意义

（一）研究目的

本书的总体目标，是在社会场景的背景下，揭示电商直播服务场景对消费者心理和行为的作用机制。本书将网络服务场景理论引入电商直播，从服务场景的视角研究电商平台直播是如何影响消费者，并实现销售促进的。

首先，本书通过探索性的扎根研究，将电商直播对消费者心理和行为的作用机制归纳为两个主范畴：电商直播服务场景对消费者场景依恋的作用机制和电商直播服务场景对消费者在线行为意向的作用机制。

其次，本书揭示电商直播服务场景的社会线索、认同感、商业友谊和场景依恋的作用机理。本研究以认同感、商业友谊和场景依恋等理论为基础，构建有调节的中介模型，考察用户在电商直播服务场景的刺激下的场景依恋，揭示认同感、商业友谊的中介作用以及直播涉入度的调节作用，以帮助电商企业更好地理解电商直播服务场景对消费者场景依恋的影响的作用机制，检验认同感、商业友谊对网络购物消费者的重要性。

最后，本书揭示电商直播服务场景的社会线索、社会临场感和在线行为意向的作用机理。以社会临场感、在线行为意向理论为基础，构建有中介的结构方程模型，考察用户在电商直播服务场景的刺激下的社会临场感和在线行为意向，并检验社会临场感的中介作用，帮助电商企业理解电商直播对消费者在线意向和行为的作用机制，检验电商直播服务场景社会线索、社会临场感对网购消费者的重要性。

（二）研究意义

1. 理论意义

首先，本书将服务场景理论引入电商直播研究，从网络服务场景的视角研究电商直播，拓展了对电商直播的研究视野。从服务场景的社会线索理论的视角研究直播中主播因素对消费者的影响，并将主播的作用因素分为三个维度：语言沟通、举止体态和服务技能。本书尝试从服务场景的角度展开研究，这一结果丰富了近年来有关网络直播以及对网络服务场景的研究。本书是对电商直播作为服务场景领域研究的一次尝试。

其次，本书将认同感、商业友谊和场景依恋等理论引入电商直播服务场景研究，构建了电商直播服务场景的社会线索、认同感、商业友谊和场景依恋的作用机制模型，并验证了认同感和商业友谊在其中的中介作用以及直播涉入度的调节作用。研究结果为开展电商直播的企业提供了理论支持和实践参考。

最后，本书将社会临场感引入电商直播服务场景研究，探索电商直播这种在线的"面对面"的沟通方式对用户临场感知的作用，并进一步探讨这种临场感对消费者在线行为和意向的作用机制。此外，本书还验证了社会临场感在服务场景和在线行为意向中的中介作用。

2. 现实意义

本研究对于如何通过电商平台增加消费者对企业及产品的了解，获取消费者的好感、信任感、满意度、认同和忠诚，进而达成购买行为，对开展电商的企业具有重要的意义。

电商直播搭建人与人之间面对面的联系，其本质便是促进人与人之间社会关系的建构。从媒介丰富度理论来说，丰富性的社会线索将为用户构建一种虚拟的空间认同感。随着这种联系的加深，这种认同感可以转化为用户黏性，促使双方建立关系的因素可以是对方的情感，而更重要的是用户对社会化媒体形成情感上的依附和偏好。这种面对面的沟通遵循人际交往的原则，实际上是一个建立、维护、提升"类人际关系"的过程。总的来说，电商直播能够建立企业电商平台与消费者之间的情感纽带，强化二者之间的"熟人"或"朋友"关系。消费者也会表现出积极的态度和行为，并在积极的互动中感受到友爱、风趣等积极的情感和愉悦的体验，企业电商平台从而获得消费者的信任和持续的关注。

三、研究内容与框架

（一）研究内容

本书主体部分主要研究了电商直播对消费者场景依恋和在线行为意向的作用及其机制。其中第二至第四章是本书的核心部分。

绪论部分提出本书的研究背景：社会场景时代的来临以及电商直播在电商平台的兴起。在此基础上提出研究的目的和意义，阐明研究方法和研究思路、研究的技术路线图等，构建出全书的逻辑结构。

第一章为文献综述，对本书所涉及的理论资源进行文献综述和理论评述。首先，对本书所涉及的核心理论——服务场景理论进行综述，涉及的理论有服务场景理论及网络服务场景理论。其次，对本书所涉其他理论，包括社会临场感理论、认同感理论、商业友谊理论、场景依恋理论以及在线意向与行为理论展开评述。最后，通过评述，分析当前学者的研究贡献和不足，在此基础上提出本书的研究问题和研究思路。

第二章为基于电商直播服务场景的扎根研究，是本书的基础性研究，采用了探索性的研究方法：扎根理论研究方法。本章以收看服饰、美妆和珠宝类电商直播一周以上的女性用户为研究对象，使用访谈法，共访谈了36位电商直播的女性用户，获取4.5万字的一手资料，运用扎根理论研究建立模型，通过开放式编码、主轴编码和选择性编码，最后构建出电商直播对消费者作用机理的两条路径：第一条是电商直播服务场景—商业友谊和认同感—场景依恋；第二条是电商直播服务场景—临场感—在线行为意向。本章通过这两条路径来解释电商直播对用户的作用及机制。最后，讨论了本书所构建理论的价值和意义，并提出管理启示。

第三章为电商直播服务场景社会线索与消费者场景依恋研究。本章以电商直播为研究背景，深入探讨电商直播服务场景中社会线索对用户场景依恋的作用及其机制。本章引入认同感和商业友谊理论，探讨电商直播服务场景、认同感、商业友谊和场景依恋之间的关系，建构模型并通过 434 份问卷进行实证检验，发现所提出的大部分研究假设得到验证，为商家制定电商直播策略提供参考。

第四章为电商直播服务场景社会线索与消费者在线行为意向研究。本章以电商直播为研究背景，以社会临场感理论为切入点，以 S—O—R 理论模型为参照，深入探讨电商直播社会线索对用户社会临场感、在线行为意向的作用机制，将社会临场感理论引入网络服务场景研究，试图探讨电商直播在构建场景方面如何作用于用户。探究用户在电商直播服务场景社会线索刺激下的心理机制，为商家制定电商直播策略提供参考。

最后是结语。本书在一项扎根研究和两项调查研究数据结果的基础上得出结论并进行总结，提出管理启示、未来研究展望以及研究的局限性。

（二）研究框架

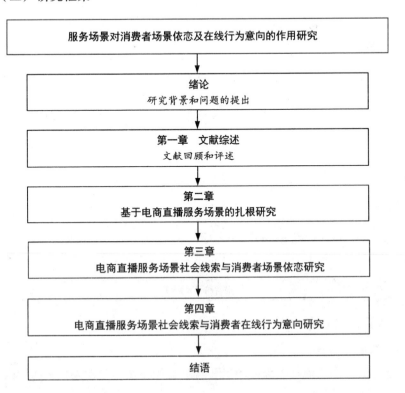

四、研究思路与研究方法

（一）研究思路

本研究首先提出研究问题，即基于电商直播来研究服务场景对消费者作用及机制。在文献梳理的基础上，明确服务场景现有相关研究的理论贡献和不足之处，然后使用扎根理论的方法，通过对一手资料的掌握和分析，将电商直播服务场景对消费者心理和行为的影响，聚焦在场景依恋及在线行为意向两大方面，并探讨其作用机制。接下来，本书提出电商直播服务场景社会线索、商业友谊与场景依恋作用机制的理论模型和电商直播服务场景、社会临场感与在线行为意向的作用机制理论模型。通过问卷调查法，对理论模型展开验证。最后，提出研究结论和未来研究展望。

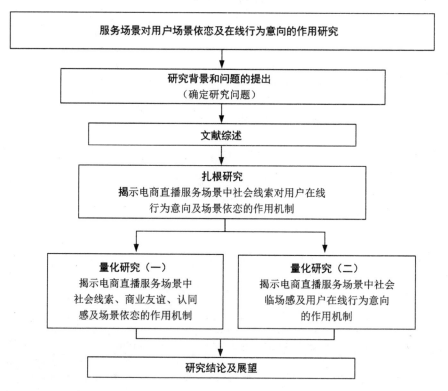

（二）研究方法

1. 文献分析法

首先，系统地梳理了服务场景及网络服务场景相关理论，掌握国内外关于服务场景和网络服务场景的研究进展和研究动态，为本书奠定理论基础。本书的理论资源包括：梳理服务场景及网络服务场景的发展历程，掌握网络服务场景的概念和内涵；总结国内外服务场景相关理论的研究成果和研究前沿动态，并对相关研究进行归纳；分析服务场景和网络服务场景与在线行为和意向，以及场景依恋的相关研究成果。这为本书的研究假设提供理论支持。

其次，梳理与本书相关的其他理论资源，包括：梳理了社会临场感理论的研究状况和最新研究进展，为本书将社会临场感引入网络服务场景研究提供理论支持，为提出研究假设提供理论依据。同时，梳理了认同感、商业友谊和场景依恋相关理论研究成果。这为本书构建相关模型提供理论支持，为提出研究假设提供理论依据。

2. 探索性研究：扎根理论

基于扎根理论的探索性研究是本书的起点。本书通过访谈 36 位电商直播用户，使用访谈法获取一手资料，运用扎根理论研究建立模型，对获取的访谈资料进行开放式编码、主轴编码和选择性编码，构建出电商直播对用户的影响模型，以解释电商直播对用户的影响因素和作用路径。

3. 问卷调查法

在文献分析和探索性的扎根理论研究基础上，第三章构建了电商直播服务场景的社会线索、认同感、商业友谊和场景依恋的影响模型，通过发放 434 份问卷，对电商直播用户展开调查，使用 SPSS 22.0、AMOS 24.0 对获得的数据进行分析，对构建的模型进行验证。第四章构建了电商直播服务场景的社会线索、社会临场感和在线意向和行为的影响模型，通过发放 380 份问卷，对电商直播用户展开调查，使用 SPSS 22.0、AMOS 24.0 对获得的数据进行分析，对构建的模型进行验证。

第一章
文献综述

第一节　场景时代与场景营销

一、场景的提出

随着媒介智能化的发展，人类社会已经进入场景时代。近几年，与场景相关的研究逐渐受到学界的高度关注。罗伯特·斯考伯和谢尔·伊斯雷尔（2014）提出"场景五力"——大数据、移动设备、社交媒体、传感器、定位系统，认为五种要素正在改变作为消费者、患者、观众或者在线旅行者的体验。它们同样改变着大大小小的企业。[①] 彭兰（2018）认为，人与人在互联网中的全方位连接已经实现，移动视频直播在某种意义上就是一种新的人与人连接方式，常常没有特别的事件或活动，就是在聊天或者对话，就像日常现实生活中的社交场合。[②] 直播场景是迄今为止，媒介对人们日常生活的最高的还原。智能化、移动化的媒介技术，将人类带入社会场景时代，对人类生活的方方面面产生影响，成为学术界和业界争相讨论的话题。

二、场景营销

随着场景时代的来临，营销传播领域也兴起了一股场景营销潮流。互联

---

① 罗伯特·斯考伯，谢尔·伊斯雷尔. 即将到来的场景时代 [M]. 赵乾坤，周宝曜，译. 北京：北京联合出版公司，2014：11-13.
② 彭兰. "人-人"连接的升级及其隐忧 [J]. 新闻论坛，2018（1）：4-6.

网络购物时代，手机端也成为重要的消费场景。国外学者较早关注到了这一现象，并使用情境营销（Contextual Marketing）一词，David Kenny 等（2000）提出，实施情境营销的公司应该遵循以下原则：不要试图把客户带到网站上，而是在客户需要的时候直接把信息带给他们。① Luo（2015）认为，情境营销，即在顾客需要的时候，为顾客提供个性化的、情境化的信息，成为接触和留住网络顾客的关键要素。事实上，在已经信息超负荷的信息经济中，消费者不仅需要信息，还需要在购买时提供相关的、定制的、情景化的产品和服务。黄敏学等（2019）针对手机端是否会加快消费者决策过程的问题，引入决策双系统理论，力图解释以往看似冲突的结论。消费者的购买决策模式，不仅会受到决策任务（产品价格）的影响，还会受到决策场景（购买终端）影响。当场景与决策任务使消费者启动的思维模式相一致时，会提升决策流畅度，降低延迟选择。② 吴声（2015）将场景营销定义为连接商品和人的工具，认为场景营销需要数据来挖掘用户需求，需要体验美学来重塑新的商业模式。③ 唐兴通（2015）在 4C 理论基础上，提出互联网时代新 4C 理论，即场景（Context）、社群（Community）、内容（Content）和连接（Connection），将场景作为重要的营销要素。④ 金定海（2015）指出，高卷入度、高黏合性和高体验性是场景营销的三个主要因素。⑤

综上所述，目前国内外学者对场景营销的研究，为本书提供了重要的理论基础，但是场景营销尚处于研究的初期阶段。国内外主要从理论阐述的角度提出场景营销的内涵等，但对场景营销的概念界定也不太统一。此外，对场景营销的量化研究较为薄弱。

---

① DAVID K, JOHN F M. Contextual marketing: the real business of the internet [J]. Harvard business review, 2000 (11 - 12): 17 - 35.

② 黄敏学, 王薇. 移动购物更快吗? 决策场景与思维模式的相容性 [J]. 心理学报, 2019, 51 (3): 612 - 624.

③ 吴声. 场景革命 [M]. 北京: 机械工业出版社, 2015: 20 - 21.

④ 唐兴通. 引爆社群: 移动互联网时代的新 4C 法则 [M]. 北京: 机械工业出版社, 2015: 3 - 4.

⑤ 金定海. 场景时代的关系与路径 [J]. 声屏世界·广告人, 2015 (12): 47 - 49.

第二节　服务场景

一、服务场景的概念和维度

Kotler（1973）使用"氛围"一词来界定经过精心设计和控制的消费环境，指出服务场所的氛围能使置身其中的消费者获得特殊的情绪感受，并增加顾客的消费意愿。① Bitner（1992）首次使用"服务场景"（Servicescape），认为服务场景是服务场所中经过精心设计和控制的各种环境因素。Bitner还提出了一个概念框架来探索物理环境对客户和员工行为的影响，以及物理环境促进组织和营销目标实现的能力。关于服务场景的维度，Bitner提出三维度说，将服务场景分为氛围要素、空间布局、标识象征和工艺品等三个维度。② Baker等（1994）界定服务场景要素时，在Bitner的基础上提出，服务场景不仅应该包含物理要素，还应该包括与服务人员有关的社会要素。他们认为，服务场景除了考虑场所的风格氛围、装饰标识等物理要素，服务人员以及服务场所中的其他消费者的举止仪态，服务人员和其他顾客的数量以及他们的语言及非语言行为，都会对消费者感知到的服务质量和购物与消费体验产生影响。他还提出了服务场景的三维度说，包括氛围因素、设计因素和社会因素三个维度。③ Rosenbaum & Massiah（2011）在其他学者的基础上增加了自然维度，并提出了服务场景的四个主要维度，即服务场景的物理维度、社会维度、社会象征维度和自然维度。服务场景不仅包括客观的、可测量的和管理上可控的刺激，还包括主观的、不可测量的、通常是管理上不可控制的社会性的、象征性的和自然的刺激，这些刺激都会影响客户的接近或避免决策和社会互动行为。此外，顾客对社会、象征和自然环境刺

---

① KOTLER P. Atmospherics as a marketing tool [J]. Journal of retailing, 1973 (12): 48 – 64.

② BITNER M J. Servicescapes: the impact of physical surroundings on customers and employees [J]. Journal of marketing, 1992, 56 (2): 57 – 71.

③ BAKER J, GREWAL D, PARASURAMAN A. The influence of store environment on quality inferences and store image [J]. Journal of the academy of marketing science, 1994, 22 (4): 328 – 339.

激的反应往往是产生深刻的"人—地"依恋的驱动因素。虽然管理者可以很容易地控制服务公司的物理刺激，但他们需要了解其他关键的环境刺激如何影响消费者行为，以及哪些刺激可能会超过客户对公司物理维度的反应。因此，政府机构和社会组织（如学校、医院）可以通过创造具有社会维度的服务来改善人们的生活。① 综上，学者们对服务场景概念的界定和维度的划分，为后续研究提供了很好的参考价值。

二、服务场景社会线索

服务场景社会线索作为服务场景理论的重要维度和要素，受到学者们的特别关注和研究。Baker 等（1996）专门研究了服务场景中的社会线索，认为服务场所服务人员社会线索主要包括服务人员的数量多少，服务人员的穿着是否得体，态度是否友好，举止是否恰当，以及能否在顾客需要帮助的时候及时提供帮助等。② Gabbott 等（2001）研究指出，服务人员在与顾客互动交流时，会传递产品信息和相关知识，诱导顾客购买，唤醒消费者的需求，这种人际互动可以连接顾客和产品，是调整与消费者社会关系的重要方式。③ Keaveney（1995）指出，在服务场所中，服务人员与消费者的沟通和接触过程中，往往伴随着二者之间的人际的交往和互动，这种交往和互动也是服务质量的体现之一。④

Hu 等（2006）探讨了服务场景中的社会线索与消费者行为和意向之间的关系，进一步拓展了社会线索的内涵。Hu 等指出，社会线索既应该包括人与人之间的人际交流，也应该包括被赋予了一定社会意义的物理线索，例如服务场所张贴的与目标消费者在外表、年龄或其他方面相似的代言人或其

① ROSENBAUM M, MASSIAH C. An expanded servicescape perspective [J]. Journal of service management, 2011, 22 (4): 471–490.

② BAKER J, COMERON M. The effects of the service environment on affect and of consumer perception waiting time: an integrative review and research propositions [J]. Journal of the academy of marketing science, 1996, 24 (4): 338–349.

③ GABBOTT M, HUGG G. The role of non-verbal communication in service encounters: a conceptual framework [J]. Journal of marketing management, 2001, 17 (2): 5–26.

④ KEAVENEY S M. Customer switching behavior in service industries: an exploratory study [J]. Journal of marketing, 1995, 59 (4): 71–82.

他公众人物的海报。Hu 等还指出，消费者的购物行为既是一种满足功能需求的行为，也是一种满足社会交往和心理需求的行为。在完成购物或消费任务的同时，消费者也在满足自己的多元化的社会需求，这种带有社会内涵的物理线索，能够在一定程度上满足消费者的认同感和社会归属感等心理需求。①

Sundaram & Webster（2000）主要研究了服务接触中非语言线索的作用。服务人员的非语言因素会影响到服务接触中消费者感知到的亲密感和服务质量，服务人员和消费者的非语言沟通主要有举止体态、辅助语言、体型外貌等。在服务接触中，消费者判断服务场所及服务人员是否值得信赖，自己是否受欢迎，其标准主要是通过服务人员的表情和神态、眼神和举止等非语言线索，而不仅仅是语言沟通。因此，运用恰当的非语言线索，有效表达员工对顾客的关心，有利于提高语言沟通的说服效果，进一步实现购买意向和行为。②

三、网络服务场景

随着电子商务的发展，越来越多的学者开始关注网络服务场景。Hopkins 等（2009）研究发现，网络服务场景的环境条件维度（Ambient Conditions）、空间布局和功能维度（Spatial layout and functionality）以及标识、符号和影像维度（Signs, Symbols, and Artifacts）在组织的网络设置中都存在并具有影响力。③ Lai 等（2014）通过对网购者的深度访谈，确定服务场景四个维度的属性：（1）环境属性；（2）设计；（3）标识、符号；（4）交互性。这四个维度中的每一个都表明了属性与利益和最终理想信念之间的联系。具体来说，研究发现，高质量的照片作为环境维度的显著属性，可能会成为最初的吸引点，使购物者从了解产品转向链接网站内容。在设计维度

---

① HU H, JASPER C R. Social cues in the store environment and their impact on store image [J]. International journal of retail &distribution management, 2006, 34 (1): 25 –48.

② SUNDARAM D S, WEBSTER C. The role of nonverbal communication in service encounters [J]. Journal of services marketing, 2000, 14 (5): 378 –395.

③ HOPKINS C, GROVE S, RAYMOND M. Designing the e-servicescape: implications for online retailers [J]. Journal of internet commerce, 2009 (8): 34 –36.

中，重要的属性有导航条、分类和简单的排列。公司标识是标识、符号维度最显著的属性，因为它不仅便于识别，而且是感知风险的决定因素。在交互维度上，虽然价格信息是在线购物者产生幸福感和信心的显著属性，但它可能会冲淡他们对网站成功的感知。研究结果为在线卖家提供了参考，以便有效地推广他们的购物网站，在在线购物者中创建积极的情感反应和购买行为。[1]

近几年，国内学者也开始研究网络服务场景。涂剑波等（2018）研究了网络服务场景中审美诉求、功能布局和财务安全均对共创价值具有积极的影响，也验证了顾客价值共创行为的中介作用。他们发现，通过改善网络店铺的外观设计，增加产品页面和视频展示的吸引力，增强网络店铺购物环境的趣味性，有利于增强顾客的共创价值意愿，从而进一步增加购买意愿和行为。[2] 于萍（2018）通过对 4 家企业进行案例分析，发现新兴的场景技术能够有效帮助服务场景物理维度、社会维度和社会象征维度的信息的传递。借助场景技术力量，服务场景信息能够有效触发顾客的五种感官知觉，进而作用于顾客的心理和行为意向。首先，新的场景技术在物理层面实现了线下和线上的相互延伸，使线上和线下联系更紧密。其次，社会场景丰富了社会维度的意涵，提供了更加及时和真实直观的人际互动，增加了企业和消费者之间的情感联系。然后，社会场景增加了社会象征维度信息的传递，企业的品牌和文化内涵能得到更好传播。最后，在自然维度方面，社会场景的智能化服务给消费者带来更好的情绪和临场体验。[3]王江哲等（2017）证实网络服务场景社会线索对持续信任、商业友谊以及顾客公民行为的直接作用，并验证了持续信任和商业友谊的中介作用，为电子商务企业在线服务提供了有益

---

[1]　LAI K P, CHONG S C, ISMAIL H B, et al. An explorative study of shopper-based salient e-service-escape attributes: a means-end chain approach [J]. International journal of information, 2014 (8): 517 – 532.

[2]　涂剑波，陶晓波，杨一翁. 购物网站服务场景、共创价值与购买意愿：顾客契合的中介效应 [J]. 财经论丛，2018 (12): 95 – 104.

[3]　于萍. 移动互联环境下的服务场景、感官知觉及顾客反应：基于 4 家企业的案例分析 [J]. 财经论丛，2018 (5): 76 – 86.

的参考。① 李慢等（2018）基于顾客优势度情绪的视角，发现网络服务场景对在线消费者的优势度情绪和在线行为意向有显著正向影响。同时，顾客优势度情绪有效地传递网络服务场景、产品涉入度以及两者的交互作用对在线行为意向的影响。②

第三节　认同感

一、社会认同理论

社会认同理论（Social Identity Theory）由社会心理学家泰弗尔于1969年首先提出，并定义为："个体知晓他归属于特定的社会群体，而且他所获得的群体资格会赋予其某种情感和价值意义。"在这里，社会群体是指"他们感知到他们这些人属于同一个社会范畴"。这种群体归属意识会强烈地影响我们的知觉、态度和行为。并且这种"归属"是心理上的，而不仅仅是对某个群体特征的知晓。1987年，澳大利亚社会心理学家迈克尔·豪格和英国社会心理学家多米尼克·阿布拉姆斯出版《社会认同过程》，对社会认同理论相关研究进行总结。豪格和阿布拉姆斯认为："归属于某个群体（无论它的规模和分布如何）在很大程度上是一种心理状态，这种状态与个体茕茕独立时的心理状态截然不同。归属于一个群体就会获得一种社会认同，或者说是一种共享的集体表征，它关乎的你是谁，你怎样行事才是恰当的。"③ 社会认同理论最初关注群际关系的研究，对个体为什么对外群持有偏见做出解释，随后被引入营销领域，用于研究消费者对企业、品牌和产品的认同感知。

---

① 王江哲，王德胜，孙宁. 网络服务场景社会线索对顾客公民行为的影响：持续信任、商业友谊的作用 [J]. 软科学，2017，31（4）：112－116.

② 李慢，张跃先，郭晓宇. 网络服务场景中的优势度情绪：一个有中介的调节模型 [J]. 南大商学评论，2018（1）：31－42.

③ 迈克尔·豪格，多米尼克·阿布拉姆斯. 社会认同过程 [M]. 高明华，译. 北京：中国人民大学出版社，2011：9－10.

二、服务场景中的认同感

根据社会认同理论，人们会将一些拥有共同喜好和特质的人感知为与自身同属一个范畴的内群体成员，产生偏好和喜爱。那么，在营销领域，是否存在具有相同喜好和特质的消费者和企业之间彼此之间产生认同呢？Sundaram 等（2000）研究表明，服务场景中员工的语言、举止体态、辅助语言、身体外貌等因素显著影响顾客所感知的认同感。①

第四节　商业友谊

一、国外商业友谊相关研究

友谊是人与人之间一种积极的、互惠互利的情感。商业友谊是指买卖双方之间建立起来的一种类似友谊的情感。顾客与企业或店铺的服务人员或销售人员在日常的购物或服务提供过程中，从陌生人慢慢变得相互熟悉和了解，有可能发展成朋友乃至合作伙伴。在这个过程中，顾客有可能会与他长期接触的服务人员建立起良好的人际关系。不少学者在关系营销、关系品质等情境下研究这种商业环境中的人与人之间的关系。

Price & Arnould（1999）首先提出了商业友谊的概念，用于形容顾客与企业员工之间像朋友一样的关系，而不仅仅是经济交换关系。他们提出，商业友谊是一种在商业环境下建立起的友谊关系，是指在某种商业环境中服务提供者与那些具有特定目标的顾客通过长期的接触而建立的长期、稳定的良好关系。Price & Arnould 通过研究美容美发行业的商业友谊，发现商业友谊与其他类别的友谊既有相同之处，又有区别。相同之处有私密信息的交换、相互帮助、彼此忠诚等；同时，商业友谊又和一般意义上的友谊有较大差

---

① SUNDARAM D S, WEBSTER C. The role of nonverbal communication in service encounters [J]. Journal of service marketing, 2000, 14（5）: 378 – 391.

别，如商业友谊有着一定的局限性，它一般只在某种商业情境下才能体现出。① Homburg 等（2011）认为消费者在购物过程中，一方面是要完成购买任务，另一方面，他们也希望能获得附加利益，如认同与尊重，人际接触，信息交换，与服务人员建立社会关系等。消费者的这些社会交往和被他人认可的需求越能得到满足，通过购物获得的满足感也就越高，对购物场所的忠诚度也会越高。② Lanjananda & Patterson（2009）也持类似观点，认为消费者与服务场所的服务人员之间的良好关系能积极影响消费者的满意度。③ 在中高接触服务中，忠诚度的发展有时被视为与消费者发展关系的同义词。然而，"关系"一词指的是人与人之间的关系，即消费者和公司内的个人服务提供者之间的关系，这样的关系很可能部分建立在一种感知到的友谊的基础上。在高接触服务中，许多消费者认为友谊在很大程度上是存在的，这种友谊可能导致双向忠诚，即消费者对个体服务提供者和企业都是忠诚的。然而，如果消费者必须在公司和个人之间做出选择，那么这种对单个服务提供商的忠诚可能会受到其他因素的干扰，比如便利性和价格。Guenzi & Pelloni（2004）探讨了企业员工和其他客户之间的人际关系对客户满意度和对企业忠诚度的影响，在回顾不同研究方向的基础上，建立了一个多层次、多学科的模型，并对其进行了实证检验。研究结果显示，顾客对员工和顾客对顾客的关系对顾客忠诚度的发展有不同的贡献。④ Jones 等（2000）研究发现，顾客与服务人员之间的亲密关系，如商业友谊，使得顾客愿意与企业保持长期的合作关系。⑤ Hassanein 等（2007）研究发现，服务人员积极服务，购物场所人性化服务氛围可以消除消费者与服务人员之间的生疏，拉近二者距

---

① PRICE L L, ARNOULD E J. Commercial friendships: service provider-client relationships in context [J]. Journal of marketing, 1999, 63 (10): 38-56.

② HOMBURG C, MULLER M, KLARMANN M. When does salespeople's customer orientation lead to customer loyalty? the differential effects of relational and functional customer orientation [J]. Journal of the academy of marketing science, 2011, 39 (6): 795-812.

③ LANJANANDA P, PATTERSON P G. Determinants of customer-oriented behavior: in a health care context [J]. Journal of service management, 2009, 20 (1): 5-32.

④ GUENZI P, PELLONI O. The impact of interpersonal relationships on customer satisfaction and loyalty to the service provider [J]. International journal of service industry management, 2004 (9): 17-26.

⑤ JONES M A, MOTHERSBAUGH D L, BETTY S E. Switching barriers and repurchase intention in services [J]. Journal of retailing, 2000, 76 (3): 259-272.

离并建立情谊。①

Price & Arnould 总结了出商业友谊的三个特点：（1）功利性。顾客与企业或服务方保持商业友谊，首要的目的便是获得功利性需要，如获得更优质的服务，更优惠的价格，折扣和促销信息等。（2）交往性。顾客与服务人员之间通过长期接触形成的一种类似朋友或熟人的人际关系，满足了顾客社会交往和社会联系的需求。通常来讲，顾客可以在服务人员那里获得更多的赞美和更积极的态度，这在一定程度上满足了顾客被他人肯定、被认可的心理需要。（3）互惠性。顾客和服务人员长期和相对稳定地保持这种商业友谊，可以满足双方的利益需求，并产生人际信任。如顾客和理发师、美容师建立好的人际关系，能够帮助顾客建立对服务人员的忠诚，使得理发师和美容师获得更好的销售业绩。同时，他们也会站在顾客的角度上满足顾客的需求，及时告知顾客店铺优惠信息等。

二、国内商业友谊相关研究

国内学者也逐渐开始对商业友谊展开研究。商业友谊是顾客与企业员工间社会性交换的结果，顾客产生商业友谊后会被外在奖励影响产生利企业行为。韩小芸（2003）对服务性企业的研究显示，商业友谊对顾客的信任有直接影响。② 汪涛等（2006）通过对美容院这种高接触服务中顾客在与服务人员接触过程中建立的友谊和亲密关系的研究，发现顾客与服务人员形成商业友谊，对服务企业与顾客之间的关系品质和顾客忠诚度都有积极影响。企业通过与顾客建立商业友谊不仅能提升顾客与企业之间的关系品质，还可以通过关系品质的提升，增加顾客的忠诚感。③王江哲等（2017）通过问卷调查研究发现，顾客与服务人员开展持续、频繁的互动更利于商业友谊建立，同时证实了商业友谊在"网络服务场景社会线索—服务人员与顾客公民行

①　HASSANEIN K, MILENA H M. Manipulating perceived social presence through the web interface and its impact on attitude towards online shopping [J]. International journal of human computer studies, 2007, 65: 689 – 708.

②　韩小芸. 服务性企业顾客满意度与忠诚感关系 [M]. 北京：清华大学出版社，2003：68 – 70.

③　汪涛，郭锐. 商业友谊对关系品质和顾客忠诚的影响之研究 [J]. 商业经济与管理，2006（9）：35 – 41.

为"间承担中介作用，拓展了商业友谊研究领域。①

综上，尽管商业友谊已经引起国内学者的重视并对其展开研究，但是，相关研究仍比较零散，仍然有很大的研究空间。尤其是在场景营销时代，互联网技术的发展方向便是人与人之间关系的建立，这意味着在网络营销领域，在线消费者与电商企业之间的商业友谊和关系品质越来越重要，越来越多的企业需要重视通过互联网，实现人与人的连接，并帮助企业获得更多忠诚的用户。电商直播实现了用户和服务人员在线"面对面"沟通，主播积极的态度，人性化的服务有助于用户和主播等服务人员之间产生商业友谊，这种商业友谊同样会带来用户对直播平台依恋和依赖等行为。

第五节　场所依恋

一、场所依恋的概念及维度

场所依恋是指人们与场所之间的一种依恋关系。"场所依恋（Place Attachment）"这一概念最早由 Roggenbuck（1989）提出，用于描述人与场所之间基于情感、认知和实践的联系。② 随后，"场所依恋"这个概念被广泛应用于公园等休憩场所、旅游场所、用餐场所和消费场所的研究，用以描述人们对这些场所的依恋情绪的心理状态。相关研究主要集中在场所依恋的程度、动机和影响因素等。

关于场所依恋的维度划分，威廉姆斯等将场所依恋分为场所依赖和场所认同两个维度，并制作了"场所依恋"量表，为后来的学者研究"场所依恋"提供了有益参考。场所认同是指场所对个体的自我身份和价值的表现，场所依赖是指个体对场所所提供的功能性设施的依赖，是保证服务开展的物质保证。随后，很多学者对场所依恋的维度进行了划分。Hammitt & Stewart

---

① 王江哲，王德胜，孙宁. 网络服务场景社会线索对顾客公民行为的影响：持续信任、商业友谊的作用 [J]. 软科学，2017，31（4）：112 - 116.

② ROGGENBUCK J W. Measuring place attachment：some preliminary results [C]. National parks&recreation，leisure research symposium，San Antonio，TX，1989：122 - 128.

等（1996）将场所依恋分为5个维度，分别是熟悉感、归属感、认同感、依赖感和根深蒂固感，并且这5个维度在依恋的程度上由浅入深依次递进。同时，以这5个维度为参照，设计了场所依恋量表。① Bric（2010）在威廉姆斯等研究的基础上增加了场所形态这一维度，提出三维度说，即场所依赖、场所认同和场所形态。② Scannell 等（2010）认为人们对某个场所的依恋包括三个方面：人、心理过程和场所。其中心理过程由情感、认知和行为组成，场所的重点在于场所的特点，如自然或社会特征。③

黄向等（2006）将"场所依恋"概念引入到国内，用于研究人们对休憩场所的依恋，并构建"场所依恋"理论体系，包括概念研究、描述型研究、解释型研究、评估型研究和方法论研究。④ 不少学者将场所依恋理论应用于旅游景点、公园等场所的依恋研究。陈浩等（2015）对城市公园场所依恋量表进行了中国本土化修订，以便用于中国情景。⑤ 周慧玲等（2010）使用场所依恋的概念对都江堰景区进行研究，发现游客对都江堰的场所依恋水平还处于较低层次，认知差距反向影响场所依恋，情感正向影响对场所依恋。⑥ 刘群阅等（2017）以福州公园为例，将场所依恋作为自变量探讨其对城市公园游憩者的态度、行为意向的正向影响。⑦

二、营销中的场景依恋

相比休憩场所、公园、旅游场所和餐厅等，场所依恋理论在营销中的应

① HAMMITT W E, STEWART W P. Sense of place: a call for construct clarity and management [C]. Paper presented at the sixth international symposium on society and resource management, State College, PA. 1996: 18 – 23.

② BRIC K S. Level of specialization and place attachment: an exploratory study of white water recreationists [J]. Leisure sciences, 2010, 22 (3): 233 – 258.

③ SCANNELL L, GIFFORD R. Defining place attachment: a tripartite organizing framework [J]. Journal of environmental psychology, 2010, 29 (9): 1 – 10.

④ 黄向，保继刚. 场所依赖：一种游憩行为现象的研究框架 [J]. 旅游学刊，2006 (9): 19 – 24.

⑤ 陈浩，肖玲. 场所依恋量表在城市公园中的测量及其应用 [J]. 华南师范大学学报（自然科学版），2015, 47 (5): 140 – 146.

⑥ 周慧玲，许春晓，唐前松. "认知差距""情感"与旅游者"场所依恋"的关系研究：以都江堰为例 [J]. 人文地理，2010, 25 (5): 132 – 136.

⑦ 刘群阅，尤达，朱里莹，等. 游憩者场所依恋与恢复性知觉关系研究：以福州城市公园为例 [J]. 资源科学，2017, 39 (7): 1303 – 1313.

用相对较晚。Rosenbaum 是较早将场所依恋理论应用到营销领域的学者，并开展了两次关于营销场所依恋的研究。2005 年，Rosenbaum 通过研究发现对消费场所的依恋感会促进顾客产生终极忠诚，并且这种忠诚是长期的，不易改变和消失的。[①] Christopher 等（2012）研究发现，顾客对消费场所的依恋更直接和深入地影响了顾客忠诚和重购意愿。场所依恋与顾客忠诚及重购意愿间存在显著的关系。[②]

在国内，李慢等（2014）对服务场景中的社会线索同场所依恋之间的关系进行了研究。结果表明，服务场景中的社会线索显著正向影响顾客的认同感、归属感和社会支持感，并进一步引发顾客的场所依恋。[③]

综上，场所依恋理论在营销领域的研究，尚且处于起步阶段，相关研究比较薄弱，主要探讨顾客对服务场所，如餐馆等的场所依恋。那么在电子商务越来越普及的今天，在线消费者是否对线上的店铺和场景存在依恋情绪？目前尚且没有研究涉及。本书引入场景依恋理论，试图探究电商直播服务场景中是否存在用户的依恋行为和心理。

第六节　社会临场感

一、国外相关研究综述

（一）社会临场感理论的提出

社会临场感（Social Presence）由 Short 在 1976 年首先提出，主要应用于通信领域，用以阐释不同的媒介如何影响人们对他人在场的感知水平。人们在使用媒介进行交流和沟通的过程中，常常依赖语言和非语言线索来获取

---

① ROSENBAUM M S. The symbolic servicescape: your kind is welcomed here [J]. Journal of consumer behavior, 2005, 4 (4): 257 – 267.

② CHRISTOPHER J W, GERARD T K, STEPHEN G S. Natural area visitors' place meaning and place attachment ascribed to a marine setting [J]. Journal of environmental psychology, 2012, 32 (4): 287 – 296.

③ 李慢，马钦海，赵晓煜，等. 服务场景中社会线索对顾客场所依恋的影响 [J]. 东北大学学报（自然科学版），2014, 35 (4): 600 – 603.

信息。这个信息包括语言信息，也包括语言之外的如肢体、表情等信息。越是能传递丰富的线索的媒介，越能给受众带来高水平的社会临场感，增加人们对"他人在场"和"身临其境"的感知。而高水平的社会临场感，对媒介信息的传递有正向的影响。因此，自从 Short 提出社会临场感后，在通信、人机互动和在线学习等领域得到广泛应用。随着计算机技术的发展，到 20世纪 90 年代，社会临场感被更多的学者使用于远程教育领域。到了 21 世纪，人机互动领域也开始引入社会临场感进行研究。

Short（1976）在主持的电话与电话会议与员工绩效的研究中，第一次使用了社会临场感（Social Presence）这一词语。在这项研究中，他将社会临场感定义为"他人在互动中的显著性程度以及随之而来的人际关系显著程度"。在 Short 的研究中，他比较了闭路电视、面对面对话以及音频对话带来的受众社会临场感，并开发了 4 个题项的社会临场感的语义差异量表，包括：非社会化的—社会化的，不敏感的—敏感的，冷漠的—热情的，非人际的—人际的。也就是说，高临场感的媒介被定义为：人际的、热情的、敏感的和社会化的。①

随后，通信领域的其他学者也引入社会临场感理论，并开发相关量表展开量化研究。如 Hess 等（2009）设计 2（个性类型：外向性、内向性）×3（多媒体：纯文本、文本+声音、文本+声音+人物动画）的组间实验，研究表达方式的外向性、界面的生动性和个体对计算机的喜爱程度如何通过社会临场感来影响使用者的信任，发现表达方式的个性和界面生动性影响社会临场感，并增强使用者对推荐信息的信任。② Heerink 等（2010）在一项老年人与社交性机器猫的互动的研究中，发现社会临场感会正向影响老年人的享乐感知，享乐感知对使用意图有正向影响。在一年以后的研究中，Heerink 等发现善于表达的机器人会给老年人带来更高的社会临场感，更能正向

① SHORT J, WILLIAMS E, CHRISTIE B. The social psychology of telecommunications [M]. London: John Wiley & Son, Ltd, 1976: 34 - 36.
② HESS T, FULLER M, CAMPBELL D. Designing interfaces with social presence: using vividness and extraversion to create social recommendation agents [J]. Journal of the association for information systems, 2009 (10): 889 - 919.

影响享乐感知和使用意图。①

学者们在展开相关研究的同时，也对社会临场感定义进行了完善。Kim 等（2011）认为，社会临场感不仅与受众对媒介环境的感知有关，还能影响媒介中传受双方的关系。他们将社会临场感定义为通过媒介形成的亲近程度和友好关系，并开发了远程高等教育中的社会临场感量表。该量表包括四个维度的5点李克特量表，其四个维度包括情感关联、共同体意识、开放式交流、相互关注和支持。② Tung 等（2007）将社会临场感定义为一个人与社会实体相联系的感觉。Tung 等在研究儿童社会临场感和学习态度时发现，儿童在主动交互性环境中的社会临场感更强，学习参与程度更高。③ 后续研究中，又发现动态表情符号而非静态表情符号能够提升儿童的社会临场感感知并增强学习动机和积极性。④

（二）社会临场感理论的影响因素研究

哪些因素会影响用户的社会临场感？对于这一问题的回答，能够为媒介在进行设计时，设计出拥有更高临场感的媒介，以达到更好的传播效果而提供参考。学者们都意识到了这一问题的重要性，并纷纷展开论述。交互性和生动性被认为是高临场感所具备的两大要素。Kim 等（2011）通过调查韩国某高校学生，发现交互性是影响社会临场感的重要因素。参与者之间的交互越频繁，他们的社会临场感也越高。⑤

研究者通过对网站的研究，发现与人类特征有关的线索会影响用户对网站社会临场感的感知。Kumar & Benbasat（2006）通过实验法，发现亚马逊音乐网站上其他用户的推荐和评论，能够在网站与访问者间建立心理连接，

---

① HEERINK M, KRSE B J A, EVERS V. Relating conversational expressiveness to social presence and acceptance of an assistive social robot [J]. Virtual reality, 2010, 14 (1): 77 - 84.

② KIM J J. Developing an instrument to measure social presence in distance higher education [J]. British journal of educational technology, 2011, 42 (5): 763 - 777.

③ TUNG F W, DENG Y S. Designing social presence in e-learning environments: testing the effect of interactivity on children [J]. Interactive learning environments, 2006, 14 (3): 251 - 264.

④ TUNG F W, DENG Y S. Increasing social presence of social actors in e-learning environments: effects of dynamic and static emoticons on children [J]. Displays, 2007, 28 (4/5): 174 - 180.

⑤ KIM J, KWOM Y, CHO D. Investigating factors that influence social presence and learning outcomes in distance higher education [J]. Computers & education, 2011, 57 (2): 1512 - 1520.

从而提高用户对网站社会临场感的感知。① Han 等（2015）在研究社交网站
中社会临场感的影响因素时发现，社交网站的即时反馈和亲密性（如隐私
感和回复）对社会临场感有正向的积极影响。② 因此，Han 等将社会临场感
定义为：用户感知到社交网站传达的一种人类接触、社交、温暖和敏感的感
觉的程度。此外，学者们提出的其他能够促进社会临场感的网站特征还有个
性化问候③、富有感情的文字和人类图像④、人类的视频⑤等。

综上所述，包括媒介属性在内的媒介交互性、人类特性等多种因素均会
对人类临场感知产生影响，这种影响很多时候比技术因素更为重要。因此，
在进行媒介设计时，人们可以从交互性、互动性和拟人化等三个方面入手，
改善媒介的临场感，提升用户的临场感知。

（三）社会临场感理论在网络营销与网络广告领域的应用

网络营销领域引入社会临场感相对较晚。相关研究主要围绕三个方面展
开，分别是在线购物网站设计、网络广告设计和在线服务技能提升等。

在购物网站设计与社会临场感的相关研究方面，学者关注如何通过改进
页面的产品展示来增进消费者的社会临场感，从而进一步增加可信度、满意
度、愉悦体验等，从而进一步影响在线行为和意向。Cry 等（2007）设计了
5 种信息丰富度不同的音乐会门票，低信息丰富度的门票只含乐队标识及文
字，其他几种依次增加乐队图片，同步交流功能，异步聊天功能，高媒介丰
富度的门票。研究发现社会临场感通过影响信任、愉悦感等感知对电子忠诚
度产生间接影响。⑥ Shin 等（2011）研究发现，社会临场感能提高消费者在

① KUMAR N, BENBASAT I. Research note: the influence of recommendations and consumer reviews on evaluations of websites [J]. Information systems research, 2006, 17 (4): 425 –439.
② HAN S, MIN J, LEE H. Antecedents of social presence and gratification of social connection needs in SNS [J]. International journal of information management, 2015, 35 (4): 459 –471.
③ GEFEN D, STRAUB D. Managing user trust in B2C e-services [J]. E-service journal, 2003, 2 (2): 7 –24.
④ HASSANEIN K, HEAD M. The impact of infusing social presence in the web interface: an investigation across product types [J]. International journal of electronic commerce, 2005, 10 (2): 31 –55.
⑤ KUMAR N, BENBASAT I. Research note: the influence of recommendations and consumer reviews on evaluations of websites [J]. Information systems research, 2006, 17 (4): 425 –439.
⑥ CRY D, HASSANEIN K, HEAD M. The role of social presence in establishing loyalty in e-service environments [J]. Interacting with computers, 2007, 19 (1): 43 –56.

虚拟购物中心的安全感知和购买态度,它是使用虚拟购物中心的关键行为,如店铺态度是购买意向和行为的前提。①

关于社会临场感和网络广告信息呈现的研究,学者主要从网络广告呈现方式是否能增加社会临场感展开。Fortin 等(2005)用实验法,设计不同程度的网络广告的生动性(高、中、低)和互动性(高、中、低),发现广告内容的交互性对社会临场感的影响在其中等水平时达到最大,不随交互性水平的进一步上升而变大,呈现出收益递减效应,而生动性的影响则随着其低、中、高水平的上升保持稳定的增长。② Jin(2009)研究发现,广告信息呈现方式对涉入程度高的消费者影响较大,并进一步增强消费者态度和购买意图。③

在线服务技能提升与社会临场感方面,Tibert 等(2014)在营销的背景下将社会临场感定义为:通过媒介传达,存在于媒介中的三种感觉,包括个体的感觉,社交性的感觉和人类接触感觉。Tibert 等通过实证研究,发现社会临场感和服务人员提供的个性化服务能正向影响消费者的满意度。④ Lee 等(2005)通过组间实验(个性相似的音频产品×个性不匹配的音频产品),发现消费者在听到与他们个性相似的音频产品描述时会感受到更高的社会临场感。研究结果为企业提供启示,即可以根据消费者的个性特征,来提供与消费者某方面特征相似的产品,达到更好的销售效果。⑤

二、国内相关研究综述

国内营销领域的学者关注社会临场感较晚,直到 2010 年才有学者研究

① SHIN D H, SHIN Y J. Consumers trust in virtual mall shopping: the role of social presence and perceived security [J]. International journal of human-computer interaction, 2011, 27 (5): 450 – 475.

② FORTIN D R, DHOLAKIA R R. Interactivity and vividness effects on social presence and involvement with a web-based advertisement [J]. Journal of business research, 2005, 58 (3): 387 – 396.

③ JIN S A. Modality effects in second life: the mediating role of social presence and the moderating role of product involvement [J]. Cyberpsychology behavior&social networking, 2009, 12 (6): 717 – 721.

④ TIBERT V, JAAP V N, FRANS F, et al. Virtual customer service agents: using social presence and personalization to shape online service encounters [J]. Journal of computer-mediated communication, 2014, 10 (3): 529 – 545.

⑤ LEE K M, NASS C. Social-psychological origins of feelings of presence: creating social presence with machine-generated voices [J]. Media psychology, 2005, 7 (1): 31 – 45.

了社会临场感在网络购物领域的作用机制。国内学者沿用国外学者的思路，一方面将社会临场感作为中介变量，检验哪些因素可以增加消费者网购环境的社会临场感；另一方面，将社会临场感作为自变量，考察社会临场感与购买意愿之间的中介机制，如有用性感知、享乐价值、信任和感知价值等。赵宏霞等（2015）基于临场感的视角研究了 B2C 网络购物中在线互动对消费者信任的影响。研究发现，消费者与网站的互动，消费者之间的互动能增加消费者的空间临场感；消费者与在线卖方的互动，消费者之间的互动能增加消费者的社会临场感；社会临场感能增加消费者对网店诚信性和善意性的信任。[①] 吕洪兵（2012）将社会临场感分为意识社会临场感、情感社会临场感和认知社会临场感三个维度，研究了在网络购物中，他人临场是否有助于顾客行为。研究结果表明，社会临场感三个维度分别通过功利价值、信任和享乐价值等中介变量间接影响焦点顾客对网店的黏性倾向。[②] 汪旭晖等（2016）通过实证研究，证实了品牌拟人化对品牌权益和社会临场感的显著正向影响以及社会临场感对品牌权益四个维度有显著的正向影响，社会临场感只在品牌拟人化的交互型线索对感知质量和品牌忠诚的影响中起中介作用。[③] 王财玉等（2017）用实验法研究了网站临场感对女性网络购买意愿的影响。研究发现网站临场感显著正向影响女性网络购买意愿，并通过风险感知和沉醉感的中介作用影响女性网络购买意愿。[④] 李光明等（2016）发现，交互性显著影响消费者远程临场感和满意度，远程临场感在交互性与心流之间起着完全中介作用。李光明等还验证了远程临场感和心流在交互性与满意度之间的链式中介效应。[⑤] 沈涵等（2015）使用 3 个生动程度不同的广告（网络视频广告、无音乐的网站动态横幅广告和有音乐的网站动态横幅广

① 赵宏霞，王新海，周宝刚.B2C 网络购物中在线互动及临场感与消费者信任研究 [J]. 管理评论，2015，27（2）：43-54.

② 吕洪兵.B2C 网店社会临场感与黏性倾向的关系研究 [D]. 大连：大连理工大学，2012：45-47.

③ 汪旭晖，冯文琪.SoLoMo 模式下品牌拟人化对品牌权益的影响研究 [J]. 商业经济与管理，2016（10）：5-16.

④ 王财玉，邢亚萍，雷雳.网站临场感能否增强女性购买意愿？[J] 心理与行为研究，2017，17（2）：78-80.

⑤ 李光明，蔡旺春，郭悦.购物网站交互性对顾客满意度的影响：远程临场感与心流的链式中介作用 [J]. 软科学，2016，30（1）：34-38.

告），使用实验法测量用户的临场感强度和对广告目的地的态度。他们发现广告形式越生动，消费者旅游兴趣提高程度越高，临场感强度也越高。[①] 谢志鹏（2014）发现，印象性线索和互动性线索是消费者能够将品牌或产品感知为人的两条主要线索。这两种线索通过提升消费者体验中的社会临场感从而改变消费者的情感以及行为式。[②] 章佳（2010）采用 2（品牌熟悉度：低，高）×2（网站临场感：低，高）的实验设计，发现网站临场感越高，顾客感知该网店的有用性、娱乐性和可信赖程度均越高。[③]

综上所述，国内学者主要使用调查法和实验法来研究社会临场感在网络购物中的作用机制。社会临场感应用于消费者网络购物的相关研究处于起步阶段。尤其在当前的场景营销兴起的背景下，具有巨大的研究价值和潜力。研究者应该关注在新的购物环境下，社会临场感作为自变量和中介变量的作用机制，并且进一步发展和完善社会临场感的相关量表。

目前，社会临场感理论应用于营销领域的相关研究处于起步阶段，较为薄弱。而社会临场感对于场景营销时代的用户心理和消费者心理非常有解释力。所以，从社会临场感理论切入研究场景营销时代消费者的心理和行为，可以帮助我们厘清场景时代新的媒介技术是如何作用于消费者的心理和行为。

第七节　文献评述

一、现有研究的成果的不足

通过文献回顾，我们发现，学者多以实体店铺或线上店铺为背景，揭示了服务场景对消费者心理和行为的影响，取得了丰硕的研究成果。对于网络

---

① 沈涵，滕凯. 旅游目的地广告的受众临场感和目的地态度研究 [J]. 旅游学刊，2015，30 (12)：34 - 36.

② 谢志鹏. 拟人化营销概念探索：基于心理抗拒理论视角 [D]. 武汉：武汉大学，2014：60 - 65.

③ 章佳. 品牌熟悉度与网站临场感对网店购物意向的影响研究：基于服装类 B2C 网店 [D]. 杭州：浙江大学，2010：67 - 71.

服务场景机制的研究主要使用三种路径：情绪路径、认知路径和体验路径。

随着移动互联网技术和网络营销的变革和不断创新，人类社会进入社会场景时代。媒介技术的发展方向之一便是还原物理空间人与人之间真实的交流情景模式。电商直播是场景营销的主要应用之一。电商直播是目前为止，对线下物理空间的消费者和服务人员之间交流最好的还原。因此，从服务场景角度研究电商直播，有很高的契合度。但是，电商直播与其他网络服务场景又有很大的不同。由于电商直播是近几年才逐渐兴起的，所以相关研究尚且处于开拓期。这也是未来研究值得关注的地方。

二、对本书的启示

在移动互联网逐渐发展成主要的购物端以后，电商直播在未来有巨大的发展空间，成为电商企业的标配。电商直播服务场景也将成为网络服务场景中重要的组成部分。以电商直播为代表的新型服务场景对消费者的影响机制，便是本书研究的重点，也是试图要解决的问题。

服务场景及网络服务场景理论，为本书提供了丰富的理论资源。本书基于服务场景理论的视角，来观照电商直播对消费者的作用机制，在服务场景理论的框架下，通过对一手资料的收集，探索性构建完整、系统的电商直播对消费者作用机制。在此基础上，通过问卷调查，验证相关理论模型。

本书开发与修订了网络服务场景社会线索相关变量的测量量表。在服务场景领域学者的前期研究基础上，结合电商直播的实际情况，在征求学界、业界和消费者的意见基础上，开发并修订了相关测量量表，以期为今后的研究提供参考。

第二章
基于电商直播服务场景的扎根研究

通过前文的文献综述，我们发现服务场景对消费者影响的相关研究已经较为成熟。关于服务场景的研究，基本上是建立在传统的店铺和消费者场所的基础上。关于网络服务场景的研究，也是在电子商务平台的网站设计和网页展示的基础上展开。对于电商直播这种新形态的服务场景，服务场景相关理念尚处于研究的起步阶段。因此，本章通过深度访谈，收集一手资料，使用扎根理论的方法对资料进行分析，来构建理论解释，为未来研究打下基础。

随着互联网技术的发展，越来越多的行业进入电商直播，形成新形态的电商直播带动店铺流量和销售的模式。电商直播是直播的一种形式，是指通过直播向消费者展示和介绍商品，以达到促进销售目的的一种直播形式。以淘宝为例，电商直播表现最好的行业分别是服装、美妆和珠宝，其次是食品、母婴、全球购和土特产等行业。直播发展最快的是珠宝行业，因为珠宝靠图片和文字很难说服用户。而在直播间，主播可以答疑，可以反复试戴展示，更容易说服用户。

社会场景时代，新的技术也在不断推动"人—人"连接的升级。在场与陪伴，也成为虚拟世界里一种重要的连接方式。高卷入度、高黏合性的场景带给人们极强的代入感，人们沉浸在场景的声音和光线的刺激中，产生心理上的满足和精神上的愉悦。① 电商直播本质上是一种线下服务场景的再造，可以塑造类似真实情景的"面对面"沟通，整合媒介中的社会线索，

---

① 程明，战令琦. 论智媒时代场景对数字生存和艺术感知的影响 [J]. 现代传播，2018 (5)：92 - 97.

实现虚拟情境的现实化，消除时空的异步性。相比其他的线上展示和介绍产品的方式，直播中服务人员介绍商品，与顾客互动，是最接近线下的购物体验。消费者除了不能亲自触摸、试用，其他体验都与线下一样。淘宝直播提出了"云逛街"的概念，为消费者提供在线逛街的体验。电商直播的本质是顺应了这样的一种商品传播沟通的趋势："人与人的连接" + "人与购物环境的连接" + "人与商品的连接"。

电商直播最大的优势，就是构建出类似人类真实社会交往场景中的信息交流模式。作为保留和吸引顾客的有效手段，电商直播已成为一种主流的销售模式，近几年的爆发式增长，非常值得学界关注。但目前相关研究涉及的还不多。本书认为，电商直播是一种网络服务场景，鉴于目前对于电商直播服务场景的研究尚处于发展初期，本章首先回顾了服务场景相关研究，再以电商直播排名前三的服饰、美妆和珠宝行业为研究对象，加上这三类行业的消费主体基本上是女性，因此本章以收看服饰、美妆和珠宝类电商直播一周以上的女性用户为研究对象，使用访谈法获取一手资料，运用扎根理论研究建立模型，以解释电商直播对用户的作用机理。最后，讨论了本章所构建理论的价值和意义。

第一节　研究方法与数据来源

从文献回顾可以看到，虽然已有研究关注服务场景和网络服务场景，但是对电商直播尚未有文献涉及。因此，对该问题的研究，需要通过一手资料的分析来构建理论解释，为未来研究打下基础。本书选择扎根理论的方法，因为扎根理论的提出回答了：在社会研究中，如何能系统地获得与分析资料以发现理论。扎根理论适合用于一个新的、研究不充分的领域。这与本书的情形正好契合。

一、研究方法

扎根理论产生于社会学领域，由芝加哥大学的 Glaser 和哥伦比亚大学 Strauss 两位美国学者于 1967 年提出，目前被认为是质化研究领域中最科学的方法论。扎根理论的提出回答了社会学领域的研究中，如何系统获取、分析资料和发现理论，保证其符合实际情况并能提供相关的预测、说明、解释与应用。简单地说，扎根理论就是由资料中发现理论的方法论。① 由此，扎根理论从产生之日就明确了其使命，即"经由质化方法来构建理论"。② 此后，Glaser 和 Strauss 及其合作者对扎根理论进行发展和完善，使得扎根理论越来越完善，成为一个完整的方法论体系。Glaser 和 Strauss 于 1967 年首次提出扎根理论后，首先应用于社会学研究，后被广泛应用于管理学、护理学、宗教学和教育学等学科领域，并逐渐发展出三大学派：以 Glaser 等为代表的经典扎根理论学派，以 Strauss 等为代表的程序化扎根理论学派以及以 Charmaz 为代表的建构性扎根理论学派。Strauss 与 Corbin（1997）提出的程序化扎根理论是基于诠释主义的认识论，将编码分为开放式编码、主轴编码和选择性编码三个步骤。③ 鉴于程序化扎根理论更适合本书，所以本书选择使用程序化扎根理论作为研究方法。

二、数据收集

本章的访谈对象来自两个渠道：一是线下寻找合适的访谈对象，二是对在数十家淘宝店铺的官方微博发表评论的微博用户进行追踪访谈。第二种方式回应较少，选取在微博上评论活跃的近百人发送访谈请求，回应 10 人。最终选择 36 名访谈对象，每次访谈大约 40 分钟，最终获得 4.5 万字的访谈记录。在取得被访者同意后，对访谈进行录音，收集数据和资料。我们选择16 ~ 50 岁的 36 名至少观看电商直播一周的用户为研究对象，涉及两种类型的店铺：一是女装，二是珠宝首饰。女装类店铺包括知名网红店铺，也包括丸子时装定制、小番茄定制等小有名气的网红店铺，珠宝类的包括缅甸寻宝、念上玉等，受访者基本资料如表 2 - 1 所示。

---

① GLASER B G, STRAUSS A. The discovery of grounded theory: strategies for qualitative research [M]. Chicago: Aldine, 1967.

② STRAUSS A, CORBIN J. Grounded theory in practice [M]. Thousand Oaks, CA: Sage, 1997.

③ 贾旭东, 谭新辉. 经典扎根理论及其精神对中国管理研究的现实价值 [J]. 管理学报, 2010, 7 (5): 656 - 665.

表 2 – 1 样本分布情况

编号	姓名	年龄	职业	主要收看平台	主要收看类型
1	Cindy	35	职员	淘宝	女装，美妆
2	陈女士	22	学生	淘宝，微博	女装
3	毛女士	22	学生	微博，抖音	美妆
4	田文婷	20	学生	微博	美妆
5	周女士	19	学生	微博，抖音	美妆
6	严女士	19	学生	微博，抖音	美妆
7	赵女士	20	学生	微博，抖音	美妆
8	廖女士	19	学生	微博，抖音	美妆
9	Cool	19	学生	微博，抖音	美妆
10	楸子	19	学生	微博，抖音	美妆
11	李女士	20	学生	微博，抖音	美妆
12	亢女士	37	教师	淘宝	女装
13	群群	34	职员	淘宝	珠宝饰品
14	木木	36	职员	淘宝	女装
15	一阵风	30	宝妈	淘宝	女装
16	李女士	22	教师	淘宝	女装
17	你的丝毫掉了啦	23	学生	淘宝，微博	女装
18	余弘	22	学生	淘宝，微博	女装
19	于九月与你告别	30	宝妈	淘宝，微博	女装
20	Poonhoying	22	学生	淘宝	女装
21	黄女士	23	教师	淘宝	女装
22	小蕾	22	代购	淘宝	女装
23	尹女士	23	教师	淘宝	女装
24	王玥玥	22	学生	淘宝	女装
25	余女士	23	学生	淘宝	女装

（续表）

编号	姓名	年龄	职业	主要收看平台	主要收看类型
26	Camile	22	学生	淘宝，微博	女装
27	小贺	28	职员	淘宝	女装
28	徐女士	37	职员	淘宝	珠宝饰品
29	辣的汤圆	22	学生	微博，抖音	美妆
30	林女士	22	学生	微博，抖音	美妆
31	静默	41	职员	淘宝	女装
32	Mandy	39	职员	淘宝	女装，珠宝饰品
33	付小莉	22	学生	淘宝	女装
34	小 Jane	34	职员	淘宝	女装
35	茂茂	32	职员	淘宝	女装
36	沁	33	职员	淘宝	女装

本书关注的是：用户在日常生活中是如何收看电商直播的？电商直播的吸引力有哪些？看了直播会购买相关产品吗？在这个基础上，进行开放式访谈。在访谈3位访谈对象后，初步形成一个半开放式的访谈提纲。本书采用一对一半结构性访谈形式来收集原始数据。为避免受访者觉得突兀，所以从电商直播收看行为和偏好切入话题。访谈提纲如下：

（1）平时会看直播吗？都看哪些类型的直播？

（2）平时会看服饰、美妆或珠宝类的电商直播吗？会看哪些？

（3）是看直播还是看重播？一般会花多少时间看直播？

（4）会在什么时间看，在什么地点和情境看？

（5）为什么会看？你觉得电商直播中的主播哪些地方吸引你？

（6）你常看的直播间主播是一个什么样的人？

（7）除了了解服饰搭配等，你在看直播的时候，觉得快乐吗？有愉悦的情绪吗？

（8）收看直播时，主播的语音语调、幽默感、热情、外貌、仪态等会影响你吗？

（9）会买博主推荐的产品吗？让您产生购买意愿的主要原因是什么？

（10）直播中其他人的问题或互动对你有影响吗？会怎么样影响你？你会提问吗？

（11）直播的信息对您决定购买该产品是否有影响？如果有，主要体现在哪几个方面？

第二节 范畴提炼与模型建构

一、开放式编码

开放式编码是对原始访谈资料逐字逐句进行编码、标签、登录，以从原始资料中产生初始概念，发现概念范畴。我们尽量使用受访者的原话作为标签以从中发掘概念。在开放式编码之前，先随机抽取4份作饱和度检验，另外32份用作开放式编码。我们从32篇访谈中，得到378条原始语句。由于原始语句有数量庞杂且有一定程度的交叉，而范畴是对概念的重新分类，我们进一步对获得的初始概念进行范畴化。进行范畴化时，我们剔除重复极少的初始概念（频次少于三次），选择重复频次三次以上的初始概念。最终，我们得到17个范畴，详细内容见表2-2。

表2-2 开放式编码形成的范畴及概念

编号	范畴	概念及内涵	代表语句
1	信息丰富	信息丰富是指电商直播可以提供比在线图片更加丰富的产品信息，如可以看到上身效果，材质，面料，不同的搭配效果等。	直播毕竟是一个全方位的展示吧，比如说布料啊，360度的展示啊，衣服的面料，材质的细节啊都会通过视频了解。而网页是静面的图片。有的可能也有短视频，但这些视频都很短。通过看直播，对衣服了解得更多些。（A12）真人试穿要比图片直观，材质和颜色更容易了解到。（A14）就有的美妆博主就会介绍什么样的皮适合什么样的粉底液，他给你介绍得非常清楚，你这样听了就会觉得这个挺适合自己的。（A7）

（续表）

编号	范畴	概念及内涵	代表语句
2	便捷高效	电商直播可以更高效的获取信息，可以节省时间，代替逛街，不少被访者都表示线下购物无人陪伴，没时间，或者不愿意逛街等。	在购买整个过程中给我减少了很多麻烦，所以我选择去看。（A16）就是去商场的话，今天逛一圈，没想买，再下一次可能逛街就会去买。没有道理说我跑10次商场去买一个东西。但是直播就很方便，可能现在不买，看十次买也很正常，都是碎片化的时间嘛，因为它不占用我很多时间。（A28）购买商品更快捷。（A29）
3	自我提升	消费者在直播间可以学到穿搭、美妆等技巧，可以提升审美能力和自我形象。	店主的穿衣风格我很喜欢，喜欢看她的穿衣搭配，自己也可以得到灵感去学习看她怎么搭配衣服的。（A15）我会学着主播教的化妆小技巧，还有穿搭，对于个人形象还是有作用的。（A18）会教会你如何更好地搭配衣服，告诉你怎么搭配才会更好看。（A25）
4	接近性	用户关注的主播往往是在某些特质上与用户自身接近的，如身高、身材、肤质等，这样用户可以获得更有用的信息。	她的身高跟我比较接近，我就觉得穿她身上什么样子，我应该差不多。（A1）因为我也是圆脸，就比如他是个圆脸的博主，你就想看他的视频，就会一直刷刷刷。（A7）比如像毛蛋，我和她皮肤都是黑黄皮，肤质也大多是干皮，如果我想让自己的妆容像她一样精致，我肯定就会去看看她的视频，去学习一下。（A5）
5	真实直观	真实直观是指电商直播提供的信息更真实，颜色更接近实物，可以360度看到衣服等。	不仅能直观地看到产品的细节，还能听到直播人的使用感受，比只看几张P得亲妈都不认识的图片更加直观和容易产生购买欲望。（A16）有真人试穿要比图片直观，材质和颜色更容易了解到。（A14）一般直播的时候右上角会详细地写出主播的身高体重三围，让观看直播的我们也有很好的参照物，不会出现码数错误了。（A25）

编号	范畴	概念及内涵	代表语句
6	与主播互动	用户与主播之间的互动，包括用户的提问与主播的回复，与主播之间的闲聊等。	直播的时候我可以与主播进行互动，向其提关于产品的问题，互动性很强，在提问被回答的时候我很满足。（A22）她开直播你可以发弹幕嘛，她回了你就会很开心，她要是直接回复了你当时就会超级开心。（A7）有时候想看一下这件衣服跟其他衣服的搭配效果，主播如果看到了就会给你试一下。如果不合适她就会说这两件不搭。（A31）
7	与他人互动	用户与直播间其他消费者的互动，这种互动不仅指用户之间的直接交流，还包括用户感知到其他用户的在场，看到其他用户的留言和提问，直播间的流量，点赞等氛围。	虽然和其他观看直播的人没有真正在一起，但是她们的留言评论也会影响我，给我启发。（A2）基本上自己想问的其他人都会问到，对自己也是参考。（A32）我一般不会提问，但是其他人会提问，她们会看到问题发表自己的看法，如果一个产品负面评价太多了就不会买了。（A29）
8	直播优惠	直播优惠是指直播间特殊的优惠，包括优惠券，特价秒杀等。	最后也会有优惠，看了之后转发呀、拉人进来呀也会有优惠也会免费送。（A8）直播里有很多优惠，会在屏幕上弹优惠券。（A13）向观看直播的人派发优惠券或者红包之类的奖励，调动大家继续观看直播的积极性。（A21）
9	愉悦	直播间带给用户的愉悦感，主要是用户在直播间获得的快乐、愉悦等正面情绪。	对，我觉得就是好像会上瘾，有时候打开淘宝，就会不自觉地去看，我不知道为什么，好像有种魔力，好像就成为我们每天生活的一部分。（A13）淘宝直播的娱乐性很强，主播在直播时的场面气氛一般都比较有趣，直播时主播会制造话题点，让整个直播充满互动性。（A16）她在直播的过程中给人感觉很轻松，看她直播的人初衷不一定都是想去买她的衣服，也有一些单方面觉得很喜欢她这个人去观看。（A2）

（续表）

编号	范畴	概念及内涵	代表语句
10	亲近感	通过收看直播，与主播互动，用户会觉知到与主播乃至商家之间的一种亲近感。	觉得这个人比较亲近，人还比较好，就觉得可值得信任。（A5）主播会在直播时为粉丝解答他们所关心的问题以及与产品有关的问题等，这样的互动能够在很大程度上使粉丝对主播感到亲切。（A16）她幽默风趣，直播的时候很亲切，平易近人。（A31）
11	喜爱	用户对主播和产品的喜爱，这是用户愿意进一步接近店铺并购买的重要动因。	我就是觉得她穿衣服好像比别的主播要好看些。（A1）这个主播试衣服，我觉得欣赏不来，不想看。那个主播一试，我觉得蛮好看。（A12）因为她很幽默很能聊，健谈，给直播增添了一点生气。（A2）
12	偏好	用户对主播及产品的偏好，是形成依赖的前因。	他们家的，有些 T 恤的品质啊，不比外面那些那种潮牌的要差，实际上质感看起来要好一些。她们家衣服有很多我觉得比外面某些一般的品牌都还要好一些，性价比还高一点，也不浪费时间。（A1）主要是觉得她们做衣服很用心。（A2）当我已经习惯性地看她直播，我就会对她形成忠诚度就是很信任她了。（A18）
13	场景依赖	用户对某一两个直播间的习惯性收看，包括为了了解新款产品的习惯性收看，也包括在碎片化时间和休闲时间习惯性收看。	基本上每次都赶上直播时间准时观看，在直播过程中看到自己喜欢的，第二天还会看下重播。（A2）有时根本不需要彩妆不需要护肤品不需要衣服，但就是因为我平常长期观看，一种习惯性的观看。（A7）有时候不是真的想买那个东西，但我平时就已经看习惯了，就还是会点进去，因为差不多每一天在寝室弄完以后都会刷一下平时经常刷的软件，有时候一点进去她正好在直播，就不想动了就在那儿听。主播推荐的时候都会有自己的特色。（A8）

（续表）

编号	范畴	概念及内涵	代表语句
14	场景认同	包括对直播间、主播和品牌的认同。认同感会带来持久的忠诚。	会选择准时观看直播，我想迫切地知道自己喜欢的商品到底是什么样，想更多了解，像滕雨佳一般是在晚上直播，我也有时间。（A22）很喜欢一个模特，每次我点进去不是那个模特我就不想看了，就等他出来再看。（A6）接着就是她推荐的产品，我觉得她不是为了推销而推销，真正是在为粉丝着想，是真的好用才推荐给我们，我就会对她好感爆棚。（A18）
15	购买意愿	通过直播产生的购买意愿，包括计划型购买意愿和冲动型购买意愿。用户带着购买任务有目的地去看直播，目的是了解自己想了解的产品。冲动型购买是指用户到直播间"闲逛"，之前无任何计划性的即兴购买行为。	在预售页面看到喜欢的衣服会蹲点准时看一看直播，不是为了娱乐消遣。（A15）看淘宝直播目的就是想去买她的衣服，然后通过看直播去了解更多，我看的话就是这一个目的，买买买。（A22）习惯了就会一直看他的直播，本来我不需要买的，但他在那儿说了几句，推荐了几下就想买了。（A8）
16	种草	种草是网络用语，指用户中意于在直播间看到的产品，由于价格、需求等因素未立即购买，但可能会放进购物车作为备选，在一番比较和考量后可能产生购买行为。这是一种较为理性和高忠诚度的方式。	有时候无聊的时候就会点开直播看，就算现在不需要，但可以记住这个产品，等需要的时候再买。（A6）就是存在脑子里，作为参考，等搞活动的时候可能会买。（A12）本身喜欢＋主播种草，大部分是主播种草，没想买的最后可能也买了。（A19）
17	推荐	是指用户对主播和品牌的积极态度产生好感后，向他人推荐直播间的产品，产生自发性口碑。	会安利给别人。（A29）女生在一起不就聊这些嘛，比如我买了一件很喜欢，穿出来好朋友会问，自然会推荐给她。（A32）因为有人会问，然后就会安利给别人，因为我看东西看得比较多，他们要买某个东西的时候就会问我，使用感怎么样，这个牌子适合什么肌肤等。（A5）

二、主轴编码

主轴编码的任务是发现范畴之间的潜在逻辑关系，发展主范畴及其副范畴。本章根据不同范畴在概念层次上的相互关系和逻辑次序对其进行归类，共归纳出 7 个主范畴，各个主范畴及其对应的开放式编码范畴如表 2 - 3 所示。

表 2 - 3　主轴编码形成的主范畴

编号	主范畴	开放式编码范畴	概念及内涵
1	直播场景物理线索	便捷高效 自我提升 接近性 直播优惠	直播场景功能要素是用户收看直播的直接原因，是直播能为消费者带来的直接利益。很多用户提出收看直播就是可以很快捷地了解自己想要购买的产品，同时呢，直播间又有穿搭技巧等知识可供学习，又可以代替逛街，节约时间，提高购买效率。包括便捷高效、自我提升、价格优惠、主播与自身接近性以及对逛街的替代。
2	直播场景社会线索	与主播互动 与他人互动	直播场景社会要素是直播为用户提供的带有社会交互意义的线索，主要包括消费者与服务人员的互动以及其他顾客的互动，直播间主播会积极、耐心地解答消费者关于衣服、饰品的疑问。包括与主播互动以及与他人互动。
3	商业友谊	愉悦 亲近感	积极情感是指用户收看直播获得的正面的、有益的情感体验，包括愉悦、亲密等。
4	认同感	喜爱 偏好	认同感是指由共同喜好的特质的人聚集在一起，产生的偏好和喜爱。
5	直播场景依恋	场景依赖 场景认同	直播场景依恋是指消费者对某个店铺的直播的一种依赖，是一习惯性的收看，这种习惯性收看的行为背后是对直播中的主播以及产品的认同。包括场景依赖和场景认同。
6	临场感	真实直观 信息丰富	临场感是指消费者在收看直播时，因直播这种在线产品展现形式，而感受到的仿佛身临其境的感知。包括感受到能更加真实直观地看清楚产品，直播间能够获取比页面文字、图片展示更多信息。
7	在线行为与意向	购买意愿 种草 推荐	直播帮助店铺成为消费者在选择同类产品时的优先选择。包括计划型购买意愿、冲动型购买意愿、种草以及向他人推荐。

三、选择性编码

选择性编码是从主范畴中挖掘核心范畴，分析核心范畴与主范畴及其他范畴的联结关系，并以"故事线"的方式描绘行为现象和脉络条件。"故事线"的完成，实际上就是发展出新的理论框架。经过开放式编码、主轴编码及分析后，确定本书的核心范畴为电商直播服务场景对"消费者场景依恋的作用机制"及"消费者在线行为意向的作用机制"两大核心范畴。如图2-1和图2-2所示，这两条路径的第一条与经典的刺激—机体—反应相一致，强调电商直播的社会线索和物理线索这种刺激作用于消费者（机体），使消费者产生场景依恋反应。情感反应第二条与经典的知觉和印象—认知和评价—意愿和行为相一致，强调消费者基于电商直播服务场景中的各种要素形成对服务场景的知觉和印象，这些知觉和印象将影响消费者对店铺产品的认知与评价，并最终影响其场景依恋和在线行为意向。主范畴的典型关系结构如表2-4所示。

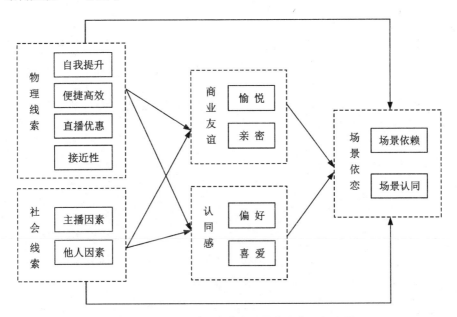

图2-1　电商直播对消费者场景依恋作用机理图

表 2-4　基于主轴编码的六大类关系

编号	关系类别	关系的内涵
1	电商直播—认同感和商业友谊—场景依恋	电商直播的功能要素和社会要素会刺激消费者产生积极情感，从而进一步产生直播场景依恋的趋近行为。
2	电商直播—临场感—行为意向	电商直播的功能要素和社会要素使得消费者产生高的临场感，感知到信息真实直观，更加丰富，从而产生行为意向。
3	电商直播的物理线索和社会线索—商业友谊和认同感（刺激—机体）	电商直播能满足消费者很多功能方面的需求，包括方便高效，可以替代逛街，节约时间；主播与自身的接近性（肤色，脸型、身高体重）更好为消费者提供参考；直播这种服务场景能更真实、更直观地展现产品，更能看到上身效果，通过直播间可以了解到图片和文字所不能展现的信息。直播中主播可以与消费者互动，一方面解答消费者的提问，另一方面主播亲切友善、风趣幽默等可以带动直播间的气氛，其他消费者的提问也会有很多参考价值。因此，观看直播能为消费者带来认同感和商业友谊，包括愉悦、消遣放松、喜爱等，削弱消费者在观看商业性直播时的防备心理。
4	商业友谊/认同感—场景依恋（机体—反应）	消费者通过观看直播获得认同感和商业友谊后，会对这些直播间产生场的依恋，包括场景的依赖，即消费者会习惯性地在休闲时间和碎片时间访问直播间。此外，消费者会对直播间的主播以及店铺衣服产生认同和归属感。
5	电商直播的物理线索和社会线索—临场感（知觉/印象—认知/评价）	电视直播的社会线索和物理线索，带给消费者更真实、直观、丰富的信息，在用户购买决策中起到很大的作用。
6	临场感—在线行为意向（认知/评价—意愿/行为）	消费者通过观看直播获得更真实、更直观的观看体验，此时，直播间提供更加丰富的购物信息，可以帮助用户做出购买决策，从而进一步让消费者产生购买意愿，既包括有计划的购买意愿，也包括冲动型的购买意愿，还可以激发消费者的购买欲望，即被很多受访者提到的"种草"。

(一) 电商直播服务场景对消费者场景依恋的作用机理

如图 2 - 1 所示,电商直播对消费者场景依恋的作用机理,遵循经典的刺激—机体—反应路径,强调消费者基于电商直播服务场景中的各种要素形成对服务场景的刺激,这些刺激作用于机体 (消费者),并产生其场景依恋这种情感反应。其中行为反应包括趋近行为和避免行为。

1. 电商直播服务场景要素带来商业友谊和认同感

本书将电商直播服务场景要素分为功能要素与社会要素。电商类直播既可以满足消费者的功能需求,也可以满足消费者的社交需求。因为直播真实直观,信息丰富,又同消费者有接近性,所以消费者将直播作为一种购买前的重要的信息参考。真实直观 (A27:直播让我唯一觉得好的,就是在于我可以知道他衣服的材质。有些看图片是看不出来的。直播可以让我更好地辨别,我买的那件衣服是不是我需要的材质)。信息丰富 (A12:直播毕竟是一个全方位的展示吧,比如说布料啊,360 度的展示啊,衣服的面料,材质的细节啊都会通过视频了解。而网页是静面的图片。有的可能也有短视频,但这些视频都很短。通过看直播,对衣服了解更多些)。接近性 (A1:她的身高跟我比较接近,我就觉得穿她身上什么样子,我应该差不多)。此外,被访者提到收看电商直播便捷高效,节约时间 (A28:就是去商场的话,今天逛一圈,没想买,再下一次可能逛街就会去买。没有道理说我跑 10 次商场去买一个东西。但是直播就很方便,可能现在不买,看 10 次不买也很正常,都是碎片化的时间嘛,因为它不占用我很多时间)。直播还可以实现自我提升 (A15:店主的穿衣风格我很喜欢,喜欢看她的穿衣搭配,自己也可以得到灵感去学习看她怎么搭配衣服的)。

同时,电商直播也满足了消费者的社交需求。直播间的互动性也带来了消费者与主播及直播间他人相互交流、聊天、逗趣和陪伴的功能,使得消费者即便没有购买任务,依然愿意在直播间逗留。大部分被访者都很享受与主播互动。如第 30 位被访者在被问到为何喜欢某电商直播时回答:"因为她幽默风趣,直播的时候很亲切,平易近人。"大部分受访者都谈到看直播时有愉悦的情绪 (A7:她开直播你可以发弹幕嘛,她回了你就会很开心,她要是直接回复了你当时就会超级开心。A32:如果我提的问题被她看到,就超级开心,感觉像是被"翻牌"了)。

收看直播会为用户带来商业友谊和认同感，包括愉悦的体验，对主播或产品的喜爱（A2：她在直播的过程中给人感觉很轻松，看她直播的人初衷不一定都是想去买她的衣服，也有一些单方面觉得很喜欢她这个人去观看。因为她很幽默很能聊，健谈，给直播增添了一点生气）；上瘾／着迷（A13：后来我看了以后我发现会上瘾，有时候一天都会看一两个小时。一般都不会买，但就是想看，就觉得跟玩游戏是一样的感觉）；消遣放松、逃避现实（A14：因为没有什么可以开心的其他事情，工作很忙，家里事情很多，夫妻到 5 年有很多矛盾了，一地鸡毛。孩子小需要照顾，基本上有段时间看直播就是用来代替和朋友的聚会，逛街了）。这与相关学者研究结论一致。赵晓煜等（2010）也通过调查法证实了服务场景对调动顾客的积极情绪，提高感知服务质量和价值的显著正向影响。[①] 李慢等研究表明，服务场景中社会要素的嵌入，可以帮助顾客形成良好的场景印象，刺激顾客产生正面情绪和感知服务质量，最终提升顾客的行为意向。

2. 商业友谊、认同感与场景依恋

场景依恋主要包括用户对电商直播服务场景的依赖和认同。大部分受访者表示，她们会习惯性地去关注某一两家店铺的直播，这种收看习惯类似于定期观看电视节目。成为某一两家店铺直播的忠实粉丝，这便是对电商直播这种服务场景形成了依赖。（A8：有时候不是真的想买那个东西，但我平时就已经看习惯了，就还是会点进去，因为差不多每一天在寝室弄完以后都会刷一下平时经常刷的软件，有时候一点进去她正好在直播，就不想动了就在那儿听。）除了对一两家电商直播服务场景这种"场所"的依赖，消费者还形成了对电商直播这种服务场景的认同。这种认同包括对主播的认同以及产品的认同（A1：她们家有些衣服我觉得比外面某些品牌都还要好一些，性价比还高一点，也不浪费时间。A18：我觉得她不是为了推销而推销，真正是在为粉丝着想，是真的好用才推荐给我们，我就会对她好感爆棚）。

建立店铺与用户之间的联系，是学术界和业界都十分关心的问题。相关场景依恋研究发现，服务人员将顾客看作是主动的，为维持关系而做出贡献

---

① 赵晓煜，曹忠鹏. 享乐型服务场景的场景要素与顾客行为意向的关系研究［J］. 管理科学，2010，23（4）：48 – 57.

的关系成员，而非纯粹以商业交换为目的买卖关系，能让顾客产生好感。[①]
用户对消费场所的依恋会促使用户产生终极忠诚，这种忠诚是长期的，不易
改变和消失。而直播间的知识性、享乐价值以及提供消遣放松的特性不知不
觉间让用户产生积极情感，进一步对直播场景产生依恋，这对于建立商业友
谊和长期的偏好有很大帮助。可以实现以场景搭建连接人与人之间的关系。

（二）电商直播服务场景对消费者在线行为意向的作用机理

电商直播服务场景对消费者在线行为意向的作用机理，如图 2 - 2 所示，
与经典的知觉和印象—认知和评价—意愿和行为相一致，强调消费者基于电
商直播服务场景中的各种要素形成对服务场景的知觉和印象，这些知觉和印
象将影响消费者对店铺产品的认知与评价，并最终影响其意愿和行为。

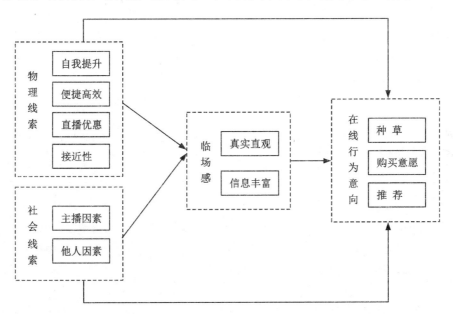

图 2 - 2 电商直播服务场景对消费者在线行为意向的作用机理

第一，电商直播服务场景物理线索和社会线索带来的高临场感。电商直
播的社会线索和物理线索在很多方面满足了消费者的需求，带来更好的临场
体验。包括：真实直观，可以更加真实地展示产品；信息丰富，能提供线上

---

① FOURNIER S. Consumers and their brands: developing relationship theory in consumer research
[J]. Journal of consumer research, 1998（24）：343 - 373.

图片或描述无法呈现的信息。因此，在消费者有购买任务时，会选择通过收看直播来获取所需信息。（A15：在预售页面看到喜欢的衣服会蹲点准时看一看直播，不是为了娱乐消遣。A25：看淘宝直播目的就是想去买她的衣服，然后通过看直播去了解更多，我看的话就是这一个目的，买买买。A28：就是比如我想买个镯子，看了直播我大概知道想买什么样的。然后我去商场看，再回头看直播，然后根据性价比，如果同样的东西，直播便宜很多，我可能还是看了直播买了。）此外，直播间的社会要素满足了用户与他人交流、聊天、逗乐的需求，使得用户愿意长期访问直播间，即便没有购买任务。有被访者提出，这种感觉与看电视是类似的。直播间的功能要素和社会要素带来了满足感、信任感等高品质的关系（A22：直播的时候我可以与主播进行互动，像关于产品的问题，互动性很强，在提问被回答的时候我很满足。A29：我比较信任我经常看的几个博主，因为关注她们时间比较长，看过很多视频，通过她们在视频的语言和展示过程以及自己购买了她们推荐的东西的感受，建立了信任）。

第二，临场感与在线行为意向。消费者在直播间感受到的信息的真实、直观和丰富，是一种高质量的信息，高质量的信息获得用户对店铺的购买行为和意向，这种行为和意向包括被种草，购买意愿和向他人推荐，进而为店铺带来经济效益。Price & Arnould（1999）研究发现，消费者基于互惠规范，通过拥护、支持和分享等来反馈给在线店铺。① 大部分受访者表达了购买的意向（A1：就是买某家特别多，他们家只要一上新我就会买；A8：习惯了就会一直看他的直播，本来我不需要买的，但他在那儿说了几句，推荐了几下就想买了；A7：其实自己明明不是特别需要的，但是看了他推荐的就想买，还有就是你特别喜欢的博主基本都有自己在做代购什么的，一般就会比较相信）。受访者在问到是否会推荐给别人时，都做了肯定答复。（A29：会安利给别人；A32：女生在一起不就聊这些嘛，比如我买了一件很喜欢，穿出来好朋友问，自然会推荐给她。）

① PRICE L L, ARNOULD E J. Commercial friendships: service provider-client relationships in context [J]. Journal of marketing, 1999, 63 (10): 38 - 56.

四、理论饱和度检验

本书用另外的 4 份访谈记录用作理论饱和度检验。结果显示，模型中的范畴已经发展得足够丰富，对于影响观点产生的 7 个主范畴均没有发现新的主范畴和关系，7 个主范畴也没有发现新的构成因子，由此可以认为，电商直播服务场景对"消费者场景依恋的作用机制"及"消费者在线行为意向的作用机制"是饱和的。

第三节　研究结论及管理启示

一、研究结论

本章通过访谈，将电商直播社会场景的要素分为功能性要素和社会性要素，并探讨了这两种要素对消费者的作用机理：一是电商直播服务场景通过知觉和印象—认知和评价—意愿和行为路径作用于消费者，即电商直播服务场景—认同感和商业友谊—场景依恋，将电商服务场景的要素作为刺激，探讨了商业友谊和认同感对用户场景依恋的作用；二是电商直播服务场景要素—临场感—在线行为意向，将消费者的临场感和感知服务质量作为间变量探讨服务场景中功能要素和社会要素对用户偏好的影响机理。

电商直播是电商在线服务的一次具有变革意义的升级，代表着未来的趋势：从过去搭建人与物（商品）的连接到搭建人与人之间的连接。而"人—人"之间连接的本质，是电商在网络上从传递商品信息为主逐渐转向以社交和关系为主，传递信息为辅的方式。直播是搭建人与人之间的联系，进行社交的最有效的方式。这种"人—人"的联系，可以提升用户的社会临场感。社会临场感，顾名思义是对他人存在的感知，Short 等将临场感定义为：在利用媒体进行沟通过程中，一个人被视为"真实的人"的程度及与他人联系的感知程度。[①] 从这个定义来看，直播就是人与人的"面对面"的沟

---

① SHORT J, WILLIAMS E, CHRISTIE B. The social psychology of telecommunications [M]. London: Wiley, 1976: 175 - 188.

通，本身就意味着高的临场感。相比传统上通过图片、文字介绍、在线服务来展示产品，电商直播是提升用户临场感最有效的方式，也是通过网络搭建在线服务场景最好的方式，是对线下服务场景最好的还原。正如淘宝直播提出的"云逛街"的概念，电商直播就是给消费者提供一种足不出户却可以通过网络逛街，与各个卖家"面对面"沟通的体验。

二、扎根研究启示

本章为发展电商直播平台的企业提供了参考。在电商直播服务场景的功能要素和社会要素这两大要素中，有的功能要素是电商直播这种平台自身具有的优势，如便捷高效，真实直观等。其他的如信息丰富，接近性等，每个直播间所能提供的却是有差别的。因此，想要利用好电商直播这一平台，便要着重为用户提供用户所需要的、高质量的信息，是未来留住用户，提升用户黏性和忠诚的关键所在。如有被访者（A27）提到："他可能会介绍他这件衣服和别人家的有什么差别，如果这个差别，恰好比较吸引我，我可能会购买。"A7："就是一般我看美妆比较多，然后他有的只是一个上妆过程，像那种介绍特别详细的，什么都说得很明白的那种，就看得很心动，就想买。"A22："要是讲解到自己喜欢的一件商品的就会很喜欢，而且这个讲解到底算不算新颖，是否有意思，以及讲解的点是不是自己想要知道的比较重要。"

此外，直播间的社会要素是否丰富，是否能满足用户的情感需求，为用户带来愉悦、放松等积极情感非常重要。有很多用户很重视直播间的氛围，不喜欢干巴巴的介绍。本章中，不少用户提到社会要素的重要性。被访者（A5）提到："我在看的博主都是非常喜欢笑，这样子对我的日常生活的心态是会有影响的，觉得挺开心的、好玩有趣。"A32："她直播很会聊天，也很会讲解，能够让我心动，比如有一次她介绍她家羽绒服是如何用心做好扣子啊，拉链啊的时候，她说很多学生没有钱，所以她不忍心定高价，把利润压很低，觉得她很实在，人特别好，为我们考虑。"这些社会要素可以构建出人际的亲密感、喜爱和认同。尤其是没有购买任务的用户，所在意的是："就算不买，看一看也高兴嘛。"（A28）像珠宝这样的产品，一般的消费者不可能高频率地购买。她们看重的是，直播间的友好的氛围，积极互动带来的亲密感等，产生人际愉悦体验，这有助于主播和用户之间形成更有广度和深度的联结，使用户对直播间产生依赖，并对店铺保持长期的忠诚。

本章主要关注电商直播服务场景对消费者的作用机制，在扎根研究的基础上，构建了电商直播对消费者场景依恋及在线行为意向作用机理。但是，本章的研究基于深度访谈，样本量小，代表性有限，研究结果也仅能够对本书负责。此外，本章对电商直播的研究有限，还有很多要素，如直播间的流量、环境、氛围、光线、互动质量、主播的因素等，值得更加详细、深入地研究。在未来的研究中，可以考量这些因素对消费者的影响机制。

第三章
电商直播服务场景社会线索与消费者场景依恋研究

通过第二章的探索性扎根研究，本书得出电商直播服务场景对消费者场景依恋的作用机制。但是扎根研究的结果是建立在小样本的基础上，有待实证研究的进一步检验。本章在第二章的研究的基础上，进一步考察电商直播服务场景对场景依恋的作用是否显著，认同感和商业友谊是否存在中介效应和调节效应。由于第二章扎根研究对相关因素的归纳较为庞杂，对结构方程模型来讲，构面在 5~7 个之间，结构模型才会得到比较理想的结果。因此，本章在进行实证检验时，主要检验社会线索对认同感、商业友谊以及场景依恋的作用，并依据其他学者的量化研究结果重新提出假设模型，对第二章的理论模型只进行部分的检验。

培育消费者对企业和产品的忠诚，是很多企业努力的目标。而企业服务人员与顾客之间人际关系的建立，有助于增加顾客的忠诚度，进而增加企业的竞争优势。因此，不少企业都鼓励服务人员与消费者积极建立亲密的人际关系。顾客将服务的提供者视为朋友，与服务人员直接接触有时就像朋友间聚会，而不仅是经济性交换关系，这便是商业友谊。①

电子商务平台如今成为主要的购物场所，为增加企业产品的线上竞争力，商家致力于通过详尽的介绍，诱人的图片等方式优化电商平台的商品信息展示。但这依旧无法弥补电子商务平台的最大劣势：社会线索，尤其是服务人员线索的缺失。近几年兴起的电商直播，恰好弥补了这一缺陷。通过亲

---

① 汪涛，郭锐. 商业友谊对关系品质和顾客忠诚的影响之研究 [J]. 商业经济与管理，2006 (9)：35-41.

切友善、讲解专业的主播来介绍产品。目前电商直播在我国电子商务领域如火如荼，也正是当前学术界十分关心的问题。本章以电商直播为研究背景，深入探讨电商直播中服务人员即主播对用户场景依恋的作用机制，为商家制定电商直播策略提供参考，提高消费者的转化率。

第一节　研究假设

一、认同感

社会认同理论认为，人们会将一些拥有共同喜好和特质的人感知为与自身同属一个范畴的内群体成员，产生偏好和喜爱。① Sundaram 等（2000）的研究表明，服务场景中服务人员的语言、举止体态、辅助语言、身体外貌等因素显著影响顾客所感知的认同感。② 李慢等通过研究传统服务场景，发现认同感、归属感和社会支持会中介服务场景与场所依恋之间的关系。③ 因此提出假设：

H1：电商直播服务场景中的社会要素对在线顾客的认同感有显著正向作用。

H1a：电商直播服务场景社会要素中的举止体态对在线顾客的认同感有显著正向作用。

H1b：电商直播服务场景社会要素中的语言沟通对在线顾客的认同感有显著正向作用。

H1c：电商直播服务场景社会要素中的服务技能对在线顾客的认同感有显著正向作用。

---

① 迈克尔·豪格，多米尼克·阿布拉姆斯. 社会认同过程 [M]. 高明华，译. 北京：中国人民大学出版社，2011：9 - 10.

② SUNDARAM D S, WEBSTER C. The role of nonverbal communication in service encounters [J]. Journal of service marketing, 2000, 14 (5): 378 - 391.

③ 李慢，马钦海，赵晓煜，等. 服务场景中社会线索对顾客场所依恋的影响 [J]. 东北大学学报（自然科学版），2014, 35 (4): 600 - 603.

二、商业友谊

商业友谊（Business Friendship）是顾客与企业员工间社会性交换的结果。Hassanein 等（2007）提出，顾客产生商业友谊后会被外在奖励影响产生利企业行为。服务人员积极服务，购物场所人性化服务氛围可以消除消费者与服务人员之间的生疏，拉近二者距离并建立情谊。[①] Jones 等（2000）研究发现，顾客与服务人员之间的亲密关系，如商业友谊，使得顾客愿意与企业保持长期的合作关系。[②] 汪涛等（2006）研究发现，顾客与服务人员形成的商业友谊，对服务企业与顾客之间的关系品质和顾客忠诚度都有积极影响。[③] 王江哲等（2017）证实了商业友谊会中介网络服务场景与顾客公民行为之间的关系。[④] 电商直播实现了用户和服务人员在线"面对面"沟通，主播积极的态度，人性化的服务有助于用户和主播等服务人员之间产生商业友谊，这种商业友谊同样会带来用户对直播平台依恋和依赖等行为。因此提出假设：

H2：电商直播服务场景中的社会要素对在线顾客的商业友谊有显著正向作用。

H2a：电商直播服务场景社会要素中的举止体态对在线顾客的商业友谊有显著正向作用。

H2b：电商直播服务场景社会要素中的语言沟通对在线顾客的商业友谊有显著正向作用。

H2c：电商直播服务场景社会要素中的服务技能对在线顾客的商业友谊有显著正向作用。

---

① HASSANEIN K, MILENA H M. Manipulating perceived social presence through the web interface and its impact on attitude towards online shopping [J]. International journal of human computer studies, 2007, 65: 689 – 708.

② JONES M A, MOTHERSBAUGH D L, BEATTY S E. Switching barriers and repurchase intention in services [J]. Journal of retailing, 2000, 76 (3): 259 – 274.

③ 汪涛，郭锐. 商业友谊对关系品质和顾客忠诚的影响之研究 [J]. 商业经济与管理，2006 (9): 35 – 41.

④ 王江哲，王德胜，孙宁. 网络服务场景社会线索对顾客公民行为的影响：持续信任、商业友谊的作用 [J]. 软科学，2017 (4): 112 – 116.

三、场景依恋

"场所依恋"（Place Attachment）这一概念最早由 Roggenbuck（1989）提出，① 用于描述人与场所之间基于情感、认知和实践的联系。随后，"场所依恋"这个概念被广泛应用于公园等休憩场所、旅游场所、用餐场所和消费场所的研究，用以描述人们对这些场所的依恋情绪的心理状态。相关研究主要集中在场所依恋的程度、动机和影响因素等，丰富了场所依恋理论。关于场所依恋的维度划分，威廉姆斯等将场所依恋分为场所依赖和场所认同两个维度，并制作了"场所依恋"量表，为后来的学者提供了有益参考。② Rosenbaum（2005）研究发现，场所依恋是人与场所之间一种高质量且相对牢固的关系，消费者对消费场所的依恋会使消费者产生高强度的，长期且不易改变的忠诚。③ Christopher 等（2012）的研究表明，顾客对消费场所的依恋会深刻影响顾客忠诚和重复购买意愿。④ 李慢（2014）等验证了传统服务场景中的社会线索对场所依恋的作用。⑤ 电商直播中，主播等服务人员对产品进行详细介绍，对在线直播用户的提问积极响应，用亲昵的称谓与用户积极互动。用户在长期观看直播的过程中，对主播及提供直播的企业/品牌产生好感和依赖，可能会转变成对直播间或主播的认同和依赖。因此提出假设：

H3：电商直播服务场景中用户的认同感对场景依恋有显著正向作用。

H3a：电商直播服务场景中用户的认同感对在线顾客的场景认同有正向作用。

---

① ROGGENBUCK J W. Measuring place attachment: some preliminary results [C]. National parks&recreation, leisure research symposium, San Antonio, TX, 1989: 122 – 128.

② WILLIAMS D R, PATTERSON M E, ROGGENBUCK J W. Beyond the commodity metaphor: examining emotional and symbolic attachment to place [J]. Leisure sciences, 1992, 14 (1): 29 – 46.

③ ROSENBAUM M S. The symbolic servicescape: your kind is welcomed here [J]. Journal of consumer behavior, 2005, 4 (4): 257 – 267.

④ CHRISTOPHER J W, GERARD T K, STEPHEN G S. Natural area visitors' place meaning and place attachment ascribed to a marine setting [J]. Journal of environmental psychology, 2012, 32 (4): 287 – 296.

⑤ 李慢，马钦海，赵晓煜，等. 服务场景中社会线索对顾客场所依恋的影响 [J]. 东北大学学报（自然科学版），2014, 35 (4): 600 – 603.

H3b：电商直播服务场景中用户的认同感对在线顾客的场景依赖有正向作用。

H4：电商直播服务场景中用户的商业友谊对场景依恋有显著正向作用。

H4a：电商直播服务场景中用户的商业友谊对在线顾客的场景认同有正向作用。

H4b：电商直播服务场景中用户的商业友谊对在线顾客的场景依赖有正向作用。

H5：电商直播服务场景中的社会要素对在线顾客的场景依恋有正向作用。

H5a：电商直播服务场景社会要素中的举止体态对在线顾客的场景认同有显著正向作用。

H5b：电商直播服务场景社会要素中的语言沟通对在线顾客的场景认同有显著正向作用。

H5c：电商直播服务场景社会要素中的服务技能对在线顾客的场景认同有显著正向作用。

H5d：电商直播服务场景社会要素中的举止体态对在线顾客的场景依赖有显著正向作用。

H5e：电商直播服务场景社会要素中的语言沟通对在线顾客的场景依赖有显著正向作用。

H5f：电商直播服务场景社会要素中的服务技能对在线顾客的场景依赖有显著正向作用。

四、中介作用

已经有不少研究证实了商业友谊和认同感的中介作用。王江哲等证实了商业友谊会中介网络服务场景与顾客公民行为之间的关系；李慢等证实了认同感会中介网络服务场景与场景依恋之间的关系。因此，本书提出假设：

H6：认同感会中介电商直播中社会线索对场景依恋的影响效应。

H6a：认同感会中介电商直播社会线索中举止体态对场景认同的影响效应。

H6b：认同感会中介电商直播社会线索中语言沟通对场景认同的影响效

应。

H6c：认同感会中介电商直播社会线索中服务技能对场景认同的影响效应。

H6d：认同感会中介电商直播社会线索中举止体态对场景依赖的影响效应。

H6e：认同感会中介电商直播社会线索中语言沟通对场景依赖的影响效应。

H6f：认同感会中介电商直播社会线索中服务技能对场景依赖的影响效应。

H7：商业友谊会中介电商直播中社会线索对场景依恋的影响效应。

H7a：商业友谊会中介电商直播社会线索中举止体态对场景认同的影响效应。

H7b：商业友谊会中介电商直播社会线索中语言沟通对场景认同的影响效应。

H7c：商业友谊会中介电商直播社会线索中服务技能对场景认同的影响效应。

H7d：商业友谊会中介电商直播社会线索中举止体态对场景依赖的影响效应。

H7e：商业友谊会中介电商直播社会线索中语言沟通对场景依赖的影响效应。

H7f：商业友谊会中介电商直播社会线索中服务技能对场景依赖的影响效应。

五、直播涉入度

涉入度理论（Involvement Theory）是较为常用的调节变量，由美国学者 Sherif 和 Cantril 等于 1947 年提出，主要指个体对某一事物的自我涉入度越深，接受相反意见的可能越小。[①] Zaichkowsky（1985）将涉入度引入市场营

---

① SHERIF M, CANTRIL H, YOUNG K. The psychology of ego-involvements: social attitudes and i-dentifications [J]. American journal of sociology, 1947, 10: 67 – 78.

销领域，并定义为：个体基于内在需求、兴趣或价值观而感知到的与客体的关联程度。[①] 关于涉入度对消费者心理和行为的影响研究非常丰富，Petty 和 Cacioppo 等（1983）研究发现，高涉入度的个体在信息搜索和活动参与方面表现得更为积极，并且更容易受到参照群体的影响。[②] Suh 等（2006）研究发现，涉入度对消费者的品牌信息处理，购买行为及品牌忠诚等方面具有显著的调节作用。[③] 本书引入涉入度理论作为调节变量，并提出以下假设：

H8：直播涉入度会调节认同感对场景依恋的影响效应。直播涉入度越高，直播场景依恋越高。

H8a：直播涉入度会调节认同感对场景依恋的影响效应。直播涉入度越高，直播场景认同越高。

H8b：直播涉入度会调节认同感对场景依恋的影响效应。直播涉入度越高，直播场景依赖越高。

H9：直播涉入度会调节商业友谊对场景依恋的影响效应。直播涉入度越高，直播场景依恋越高。

H9a：直播涉入度会调节商业友谊对场景依恋的影响效应。直播涉入度越高，直播场景认同越高。

H9b：直播涉入度会调节商业友谊对场景依恋的影响效应。直播涉入度越高，直播场景依赖越高。

六、控制变量

本书对可能影响电商直播社会线索对消费者场景依恋机制的主要变量进行控制，分别是年龄、性别、学历和收入。在本书中，性别分为男和女。年龄分为 18 岁以下，18 ~ 25 岁，26 ~ 35 岁，36 ~ 45 岁以及 45 岁以上五个层次。成员收入分为暂时无收入，5000 元以下，5000 ~ 10000 元，10000 元以上这四个层次。学历分为高中及以下，本科以及研究生三个层次。

---

① ZAICHKOWSKY J L. Measuring the involvement construct [J]. Journal of consumer research. 1985, 12: 341 - 358.

② PETTY R E, CACIOPPO G T, DAVID S. Central and peripheral routes to advertising effectiveness: the moderating role of involvement [J]. Journal of consumer research, 1983, 10 (2): 135 - 141.

③ SUH J C, YI Y J. When brand attitudes affect the customer satisfaction loyalty relation: the moderating role of product involvement [J]. Journal of consumer psychology, 2006, 16 (2): 145 - 155.

七、研究模型

电商直播中服务人员（主播）的表现会直接影响用户的观看体验和购物体验。在本章的理论框架中，将语言沟通、举止体态和服务技能作为场景依恋的前因变量，将认同感和商业友谊作为中间变量，将场景依恋作为因变量。同时，将涉入度作为调节变量。根据 H1 到 H9 的相关假设，本书提出图3－1的研究模型。

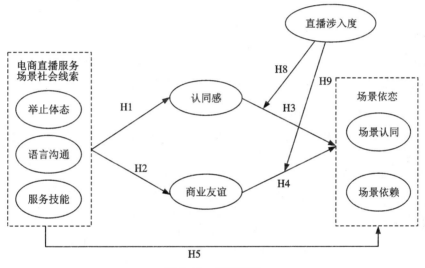

图3－1　研究模型

第二节　研究设计和数据收集

一、调查问卷及测量

电商直播服务场景社会线索的测量量表主要参考 Sundaram 等的研究,[①]包括举止仪态，语言沟通和服务技能。认同感的量表参考了 Bhattacharya 等

① SUNDARAM D S, WEBSTER C. The role of nonverbal communication in service encounters [J]. Journal of service marketing, 2000, 14（5）: 378－391.

的量表,① 商业友谊的量表参考了 Price 等研究中的量表,② 场景依恋的量表参考了 Christopher 等的量表。③ 涉入度的量表参考 Banwari Mittal 等的量表。量表题项均稍作修改以适合本书。

对于通过访谈和借鉴其他学者的测量量表设计完成后,在小范围内通过朋友、熟人以及微信群征求被访者的建议,在量表的语言表述准确性,是否容易理解,是否有歧义等方面进行修改和完善,最终得到表 3 – 1 的测量量表。问卷采用李克特七点量表,1 表示非常不同意,7 表示非常同意。最终得到 8 个潜变量,共 32 个题项(见表 3 – 1)。

表 3 – 1 测量量表

潜变量名称及代码	度量题项
举止体态 (JZ)	在观看该直播时,我觉得主播和模特都很亲切友善 在观看该直播时,我觉得主播和模特举止和行动大方得体 在观看该直播时,我感觉主播和模特恭敬有礼 在观看直播时,我觉得主播和模特仪表整洁
语言沟通 (LC)	直播过程中,主播和模特能使用通俗易懂的语言介绍产品 直播过程中,主播和模特能让整个直播气氛舒适愉悦 直播过程中,主播和模特能使用表示尊重的语言 直播过程中,主播和模特语言表达清楚准确
服务技能 (SS)	在观看直播时,我觉得主播训练有素,技能熟练 在观看直播时,我觉得主播对用户提出的问题能积极响应并准确回答 在观看直播时,我觉得主播能及时提供用户需要的服务 在观看直播时,我觉得主播在这个领域有较为丰富的专业知识

---

① BHATTACHARYA C B, SANKAR S. Consumer-company identification: a framework for understanding consumers' relationships with companies [J]. Journal of marketing, 2003, 67 (4): 38 – 50.

② PRICE L L, ARNOULD E J. Commercial friendships: service provider-client relationships in context [J]. Journal of marketing, 1999, 63, (10): 38 – 56.

③ CHRISTOPHER J W, GERARD T K, STEPHEN G S. Natural area visitors' place meaning and place attachment ascribed to a marine setting [J]. Journal of environmental psychology, 2012, 32 (4): 287 – 296.

（续表）

潜变量名称及代码	度量题项
认同感 （COG）	我对别人对该主播的看法很感兴趣 我愿意关注与主播有关的信息和主播的发展状况 我会向身边的人传播该主播的正面信息，同时抵制负面信息 当有人觉得该直播和主播还不错时，我会感到很开心
商业友谊 （BF）	我对主播有一种熟悉的感觉 我每次在直播间看到主播都像是看到一个熟人或朋友 我喜欢为我服务的主播 主播就像对待朋友一样对待我，不光把我作为一名顾客
场景认同 （SCOG）	观看这家店铺直播是我生活的一部分 这家店铺和直播对我很有意义 这家店铺和直播对我很特别
场景依赖 （SR）	如果进行同样的购物活动，我会优先选择这家店铺 在这里观看直播和消费能很好地满足我的需求 在这里观看直播和消费比在别处更让我满意 观看这家店铺的直播和购物对我来说是一种享受
涉入度 （IN）	这个主播对我来说很重要 我会定期关注这个直播 这家店铺有直播我就会看，尤其是在上新或促销期间 观看这家直播已经成为我生活的一部分 观看这家直播对我而言很有意义

二、样本数据及描述分析

调查对象为目前电商直播用户，需要受访者拥有使用电商直播的经历，只要受访者在淘宝、微博或抖音等看过电商类直播一周以上，均被视为本书的研究对象。通过微信、QQ 等媒介向朋友发送问卷并请她们填写，同时使用问卷星付费问卷收集样本。

在调查问卷发放过程中，提醒被访者选择近期看得比较多的一家淘宝店铺的直播作为回答问卷的参照。共收集有效问卷 434 份。有效问卷的人口统计分析如表 3-2 所示，在年龄方面，18 岁以下的占 0.9%，18~25 岁的占 41.5%，26~35 岁的占 45.4%，36~45 岁的占 11.1%，45 岁以上的只占 1.2%，样本大部分分布在 18~45 岁之间。在学历方面，高中及以下占 6.2%，本科学历占 82.7%，研究生占 11.1%。在收入方面，暂时无收入的代表在校大学生群体，占到 12.2%，月收入在 5000 元以下的占到 28.3%，月收入在 5000 元~10000 元占 51.4%，月收入在 10000 元以上的占 8.1%。基本符合中国网络直播用户的人口分布特征。

表 3-2　调查样本的人口统计特征

变量	值	频率	百分比/%	有效百分比/%	累积百分比/%
年龄	18 岁以下	4	0.9	0.9	0.9
	18~25 岁	180	41.5	41.5	42.4
	26~35 岁	197	45.4	45.4	87.8
	36~45 岁	45 岁以上	11.1	11.1	98.8
	45 岁以上	5	1.2	1.2	100
	总计	434	100	100	
性别	男	76	17.5	17.5	17.5
	女	358	82.5	82.5	100
	总计	434	100	100	
学历	高中及以下	27	6.2	6.2	6.2
	本科	359	82.7	82.7	88.9
	研究生	48	11.1	11.1	100
	总计	434	100	100	
收入	暂时无收入	53	12.2	12.2	12.2
	5000 元以下	123	28.3	28.3	40.6
	5000 元~10000 元	223	51.4	51.4	91.9
	10000 元以上	35	8.1	8.1	100
	总计	434	100	100	

第三节 数据检验

在结构方程模型分析之前，需要首先对数据进行检验，检验通过方可以进行结构方程模型分析。数据检验具体包括信度分析、收敛效度分析、区别效度分析以及皮尔逊相关分析。本书所使用的方法和工具详见表 3 - 3。

表 3 - 3 本书所使用的方法和工具列表

研究主题	研究内容	方法	研究工具
样本描述统计	样本的人口统计学特征的描述统计	频率分析	SPSS 22.0
样本信度分析	各个题项的信度分析	可靠度分析	SPSS 22.0
样本效度分析	各个构面的收敛效度和区别效度	CFA	AMOS 24.0
结构方程模型分析	电商直播服务场景对顾客场依恋的作用机制	结构方程模型/最大似然法	AMOS 24.0
中介效应分析	社会临场感的中介效应分析	结构方程模型/中介效应	AMOS 24.0

一、信度分析

信度分析（Reliability）即可靠性分析，它是指采用同样的方法对同一对象重复测量时所得结果的一致性程度。通俗来讲，每次测量的结果都一样，才叫有信度。统计上，通常使用克隆巴赫系数（Cronbach's Alpha）来表示。克隆巴赫系数是由美国心理学家克隆巴赫于 1951 年提出。通常来讲，信度在 0.7 ~ 0.9 之间是比较理想的；信度在 0.65 ~ 0.7 之间是最小可接受值；低于 0.65，则表示该构面缺乏信度，高于 0.9，代表并不理想。此外，还需要题目之间的相关最好是 0.3 以上，校正后项目与总分相关性要大于0.5（Hair, et al. 2010），详见表 3 - 4。

表 3-4 信度分析评价指标

类型	评估指标	接受范围	提出者
内部一致性	Cronbach's Alpha	0.65~0.7 最小可接受值 0.7~0.8 相当好 0.8~0.9 非常好 0.9 以上 不理想	Churchill Jr（1979）
题目相关		>0.3	Hair, et al.（2010）
校正后项目与 总分相关性		>0.5 符合要求 >0.45 可接受	Hair, et al.（2010）

在结构方程模型分析之前，需要首先对数据进行检验，检验通过方可以进行结构方程模型分析。数据检验具体包括信度分析、收敛效度分析、区别效度分析以及皮尔逊相关分析。接下来，将对每一个构面进行信度分析。使用 SPSS 22.0 进行可靠性分析，得到表 3-5 至表 3-12 各个构面的具体结果见下文。

从表 3-5 可以看到，举止体态四个题项的克隆巴赫系数为 0.756，大于 0.7，说明该构面的信度相当好，四个题目之间的相关在 0.386~0.506 之间，均大于 0.3，说明题目之间的相关达到要求。校正后项目与总分相关性在 0.534~0.603 之间，均大于 0.5，符合要求。总体上，举止体态各项指标均通过信度检验，说明举止体态构面有良好的信度。

表 3-5 举止体态的信度检验结果

举止体态	JZ1	JZ2	JZ3	JZ4	校正后项目与 总分相关性	Cronbach's Alpha
JZ1	1	0.506	0.389	0.386	0.535	0.756
JZ2	0.506	1	0.464	0.443	0.603	
JZ3	0.389	0.464	1	0.443	0.546	
JZ4	0.386	0.443	0.443	1	0.534	

从表 3-6 可以看到，语言沟通四个题项的克隆巴赫系数为 0.731，说明该构面的信度相当好，四个题目之间的相关在 0.325~0.472 之间，均大于 0.3，说明各个题目之间的相关达到要求。校正后项目与总分相关性在

0.487~0.553 之间，均大于 0.45，可接受。总体上，语言沟通各项指标均通过信度检验，说明语言沟通构面有良好的信度。

表 3-6 语言沟通的信度检验结果

语言沟通	LC1	LC2	LC3	LC4	校正后项目与总分相关性	Cronbach's Alpha
LC1	1	0.467	0.325	0.426	0.525	0.731
LC2	0.467	1	0.365	0.472	0.526	
LC3	0.325	0.365	1	0.452	0.487	
LC4	0.426	0.472	0.452	1	0.553	

从表 3-7 可以看到，服务技能题项的克隆巴赫系数为 0.742，说明该构面的信度相当好，四个题目之间的相关在 0.317~0.486 之间，均大于 0.3，说明各个题目之间的相关达到要求。校正后项目与总分相关性在 0.464~0.595 之间，均大于 0.45。总体上，服务技能各项指标均通过信度检验，说明该构面有良好的信度。

表 3-7 服务技能的信度检验结果

服务技能	SS1	SS2	SS3	SS4	校正后项目与总分相关性	Cronbach's Alpha
SS1	1	0.439	0.486	0.317	0.531	0.742
SS2	0.439	1	0.467	0.379	0.552	
SS3	0.486	0.467	1	0.415	0.595	
SS4	0.317	0.379	0.415	1	0.464	

从表 3-8 可以看到，认同感各个题项的克隆巴赫系数为 0.738，大于 0.7，说明该构面的信度相当好，四个题目之间的相关在 0.34~0.497 之间，均大于 0.3，说明各个题目之间的相关达到要求。校正后项目与总分相关性在 0.491~0.574 之间，COG3 的值为 0.491，略低于 0.5，在可接受范围内，其他三个题项均大于 0.5。总体上，认同感各项指标均通过信度检验，说明该构面有良好的信度。

表 3-8　认同感的信度检验结果

认同感	COG1	COG2	COG3	COG4	校正后项目与总分相关性	Cronbach's Alpha
COG1	1	0.497	0.34	0.373	0.51	0.738
COG2	0.497	1	0.38	0.461	0.574	
COG3	0.34	0.38	1	0.454	0.491	
COG4	0.373	0.461	0.454	1	0.555	

从表 3-9 可以看到，商业友谊各个题项的克隆巴赫系数为 0.778，大于 0.7，说明该构面的信度相当好，四个题目之间的相关在 0.327~0.64 之间，均大于 0.3，说明各个题目之间的相关达到要求。校正后项目与总分相关性在 0.461~0.66 之间，均大于 0.45。总体上，商业友谊各项指标均通过信度检验，说明该构面有良好的信度。

表 3-9　商业友谊的信度检验结果

商业友谊	BF1	BF2	BF3	BF4	校正后项目与总分相关性	Cronbach's Alpha
BF1	1	0.64	0.408	0.489	0.66	0.778
BF2	0.64	1	0.327	0.515	0.623	
BF3	0.408	0.327	1	0.431	0.461	
BF4	0.489	0.515	0.431	1	0.6	

从表 3-10 可以看到，场景认同各个题项的克隆巴赫系数为 0.811，大于 0.7，说明该构面的信度相当好，三个题目之间的相关在 0.561~0.625 之间，均大于 0.3，说明各个题目之间的相关达到要求。校正后项目与总分相关性在 0.637~0.685 之间，均大于 0.5。总体上，场景认同各项指标均通过信度检验，说明该构面有良好的信度。

表 3-10　场景认同的信度检验结果

场景认同	SCOG1	SCOG2	SCOG3	校正后项目与总分相关性	Cronbach's Alpha
SCOG1	1	0.588	0.561	0.637	0.811
SCOG2	0.588	1	0.625	0.685	
SCOG3	0.561	0.625	1	0.664	

从表 3 – 11 可以看到，场景依赖各个题项的克隆巴赫系数为 0.787，大于 0.7，说明该构面的信度相当好，四个题目之间的相关在 0.44 ~ 0.526 之间，均大于 0.3，说明各个题目之间的相关达到要求。校正后项目与总分相关性在 0.572 ~ 0.639 之间，均大于 0.5。总体上，场景依赖各项指标均通过信度检验，说明该构面有良好的信度。

表 3 – 11 场景依赖的信度检验结果

场景依赖	SR1	SR2	SR3	SR4	校正后项目与总分相关性	Cronbach's Alpha
SR1	1	0.526	0.476	0.44	0.594	0.787
SR2	0.526	1	0.483	0.518	0.639	
SR3	0.476	0.483	1	0.439	0.572	
SR4	0.44	0.518	0.439	1	0.573	

从表 3 – 12 可以看到，直播涉入度各个题项的克隆巴赫系数为 0.843，大于 0.7，说明该构面的信度相当好，五个题目之间的相关在 0.402 ~ 0.618 之间，均大于 0.3，说明各个题目之间的相关达到要求。校正后项目与总分相关性在 0.564 ~ 0.703 之间，均大于 0.5。总体上，直播涉入度各项指标均通过信度检验，说明该构面有良好的信度。

表 3 – 12 直播涉入度的信度检验结果

直播涉入度	IN1	IN2	IN3	IN4	IN5	校正后项目与总分相关性	Cronbach's Alpha
IN1	1	0.51	0.402	0.568	0.562	0.636	0.843
IN2	0.51	1	0.572	0.584	0.507	0.688	
IN3	0.402	0.572	1	0.452	0.419	0.564	
IN4	0.568	0.584	0.452	1	0.618	0.703	
IN5	0.562	0.507	0.419	0.618	1	0.66	

通过表 3 – 5 至表 3 – 12 的分析，说明本书的八个构面均通过信度检验，可以进行下一步的验证性因素分析以及效度分析。

二、验证性因素及收敛效度分析

接下来，使用 AMOS 24.0 结构方程模型对本书的所有构面进行验证下因素分析，以检测构面的变量品质。收敛效度（Convergent Validity）：对某一特质、观念，用不同的方法去测量，会有相同的结果。（相同构面之题目，彼此之间应该要有较高的相关）统计上一般采用平均方差提取量（Average Variance Extracted，AVE）做代表。AVE > 0.36 表示构面具有收敛效度（Fornell & Larcker，1981）。因素分析的因素负荷量为标准化值，将因素负荷量取平方相加再平均，即可计算 AVE 值。解读为"构面对所有题目的平均解释能力"。根据 Fornell & larcker（1981）的研究，要求因素载荷量（Facter loading）大于 0.5 为可接受，大于 0.6 为符合要求。如果题项的因素负荷量没有达到 0.5 的最低要求，则需要删掉。每个构面至少需要保留 3 个题项。SMC 是构面对所属每一个题目的解释能力。详见表 3 – 13。

表 3 – 13 收敛效度与区别效度评价指标

类型	评估指标	接受范围	提出者
收敛效度	标准因素载荷量	> 0.5 可接受	Churchill Jr（1979）
	Average Variance Extracted，AVE	0.3 ~ 0.7 之间	Fornell & Larcker（1981）
构面相关	皮尔逊相关	构面之间的相关大部分最好在 0.3 ~ 0.7 之间	Fornell & Larcker（1981）
区别效度	AVE 的平方根	每个构面的区别效度为该构面 AVE 的平方根，其值大部分应大于该构面与其他构面的相关	Fornell & Larcker（1981）

SEM 假设样本协方差矩阵（S）= 模型协方差矩阵 Σ（θ）。模型拟合度有两种形式，一是两模型相似最高，相似最高即为 1（完全一样），一般以 > 0.9 为标准，GFI，CFI，TLI 便是这类相似性指标。二是两模型差异最小，相异最小即为 0（完全没有差异），一般以 < 0.08 为标准。RMSEA、SRMR 便是此类相异性指标。

模型拟合度可分成三大评估准则，第一，估计出的拟合度 > 0.5 表示愈接近 1 愈好，0.9 以上为理想值，0.8 以上为可接受。第二，估计出的拟合度 < 0.5 表示愈接近 0 愈好，0.05 以下为理想值，0.08 以下为可接受。第

三，估计出的拟合度不在 0～1 之间，表示值愈低愈好。本书以常用的 X2、X2/DF、GFI、CFI、TLI、AGFI、SRMR、RMSEA 等值为拟合度判定指标。模型拟合度指标要求见表 3－14。

表3－14　模型拟合度指标要求

Index	Criteria	Index	Criteria
Chi-square	越小越好	RMSEA	<0.08
自由度	越大越好	SRMR	<0.08
卡方/自由度	<3	CFI	>0.9
GFI	>0.9	TLI（NNFI）	>0.9
AGFI	>0.9		

（一）电商直播服务场景的服务人员线索的验证性因素分析

首先，使用 AMOS 24.0 结构方程模型对举止体态进行验证性因素分析，举止体态共有 4 个题项，导入 AMOS 24.0 后，JZ1 的因素载荷量为 0.647（注：图 3－2 的因素载荷量取小数点后两位数，为 0.65，图 3－3 至图 3－9 同），JZ2 的因素载荷量为 0.74，JZ3 的因素载荷量为 0.641，JZ4 的因素载荷量分别为 0.622。举止体态测量模型及各指标见图 3－2 和表 3－15，均达到相关要求。AVE 值为 0.441，高于 0.36，说明举止体态测量模型有较好的收敛效度。模型拟合度指标方面，卡方值 = 5.182，自由度 = 2，卡方/自由度 = 2.591，GFI = 0.994，AGFI = 0.969，RMSEA = 0.061，SRMR = 0.02，CFI = 0.992，TLI = 0.976。各个指标值均非常理想，模型拟合度达到要求。（注：图 3－2 的 e1、e2、e3、e4 为残差项，全书同）

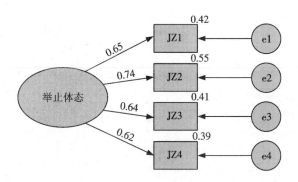

图3－2　举止体态测量模型

表 3 – 15　举止体态测量模型及模型拟合指标

举止体态	Estimate	S. E.	C. R.	P	SMC	AVE
JZ1	0. 647				0. 419	0. 441
JZ2	0. 74	0. 116	10. 609	* * *	0. 548	
JZ3	0. 641	0. 117	9. 969	* * *	0. 411	
JZ4	0. 622	0. 106	9. 778	* * *	0. 387	

模型拟合度指标：卡方值 = 5. 182，自由度 = 2，卡方/自由度 = 2. 591，GFI = 0. 994，AGFI = 0. 969，RMSEA = 0. 061，SRMR = 0. 02，CFI = 0. 992，TLI = 0. 976

其次，使用 AMOS 24. 0 结构方程模型对语言沟通进行验证性因素分析，语言沟通共有 4 个题项，导入 AMOS 24. 0 后，语言沟通的测量模型拟合度不够理想，将 LC1 和 LC3 的残差拉相关后，模型拟合度得到改善，各个指标也达到相关要求。LC1 的因素载荷量为 0. 704，LC2 的因素载荷量为 0. 619，LC3 的因素载荷量为 0. 649，LC4 的因素载荷量为 0. 646，语言沟通测量模型及各指标见图 3 – 3 和表 3 – 16，均达到相关要求。AVE 值为 0. 429，高于 0. 36，说明语言沟通测量模型有较好的收敛效度。卡方值 = 4. 590，自由度 = 1，卡方/自由度 = 4. 590，GFI = 0. 995，AGFI = 0. 949，RM-SEA = 0. 091，SRMR = 0. 0207，CFI = 0. 989，TLI = 0. 937。模型拟合度指标均基本符合要求。

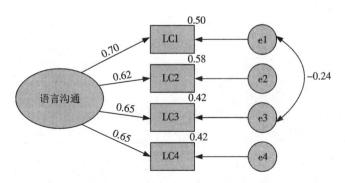

图 3 – 3　语言沟通测量模型

表 3 - 16　语言沟通测量模型及模型拟合度指标

语言沟通	Estimate	S. E.	C. R.	P	SMC	AVE
LC1	0.704				0.429	0.429
LC2	0.619	0.120	8.551	***	0.383	
LC3	0.649	0.112	9.133	***	0.421	
LC4	0.646	0.123	8.637	***	0.417	
模型拟合度指标：卡方值 = 4.590，自由度 = 1，卡方/自由度 = 4.590，GFI = 0.995，AGFI = 0.949，RMSEA = 0.091，SRMR = 0.0207，CFI = 0.989，TLI = 0.937						

　　最后，使用 AMOS 24.0 结构方程模型对服务技能进行验证性因素分析，服务技能共有 4 个题项，SS1 的因素载荷量为 0.648，SS2 的因素载荷量为 0.659，SS3 的因素载荷量为 0.735，SS4 的因素载荷量为 0.547。四个题项的因素载荷量均高于 0.5，测量模型及各指标见图 3 - 4 和表 3 - 17，均达到相关要求。AVE 值为 0.423，高于 0.36，说明服务技能测量模型有较好的收敛效度。卡方值 = 3.014，自由度 = 2，卡方/自由度 = 1.507，GFI = 0.997，AGFI = 0.983，RMSEA = 0.034，SRMR = 0.0156，CFI = 0.997，TLI = 0.992。模型拟合度指标基本符合要求。

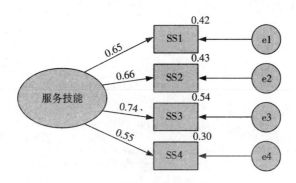

图 3 - 4　服务技能测量模型

表 3 – 17　服务技能测量模型及模型拟合度指标

服务技能	Estimate	S. E.	C. R.	P	SMC	AVE
SS1	0.648				0.42	0.423
SS2	0.659	0.11	9.972	＊＊＊	0.434	
SS3	0.735	0.119	10.318	＊＊＊	0.54	
SS4	0.547	0.098	8.795	＊＊＊	0.299	
模型拟合度指标：卡方值 = 3.014，自由度 = 2，卡方/自由度 = 1.507，GFI = 0.997，AGFI = 0.983，RMSEA = 0.034，SRMR = 0.0156，CFI = 0.997，TLI = 0.992						

（二）认同感的验证性因素分析

使用 AMOS 24.0 结构方程模型对认同感进行验证性因素分析，认同感共有 4 个题项，COG1 的因素载荷量为 0.627，COG2 的因素载荷量为 0.717，COG3 的因素载荷量为 0.582，COG4 的因素载荷量为 0.66。测量模型及各指标见图 3 – 5 和表 3 – 18，均达到相关要求。AVE 值为 0.42，高于 0.36，说明认同感测量模型有较好的收敛效度。卡方值 = 13.342，自由度 = 2，卡方/自由度 = 6.671，GFI = 0.984，AGFI = 0.921，RMSEA = 0.114，SRMR = 0.0331，CFI = 0.969，TLI = 0.907。模型拟合度指标均基本符合要求。

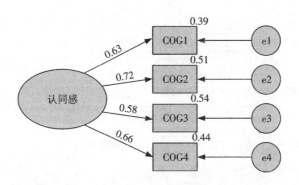

图3-5 认同感测量模型

表3-18 认同感测量模型及模型拟合度指标

认同感	Estimate	S. E.	C. R.	P	SMC	AVE
COG1	0.627				0.393	0.42
COG2	0.717	0.118	9.932	***	0.514	
COG3	0.582	0.118	8.959	***	0.339	
COG4	0.66	0.103	9.66	***	0.436	
模型拟合度指标：卡方值 = 13.342，自由度 = 2，卡方/自由度 ≐ 6.671，GFI = 0.984，AGFI = 0.921，RMSEA = 0.114，SRMR = 0.0331，CFI = 0.969，TLI = 0.907						

（三）商业友谊的验证性因素分析

使用 AMOS 24.0 结构方程模型对商业友谊进行验证性因素分析，商业友谊共有 4 个题项，导入 AMOS 24.0 后，BF1 的因素载荷量为 0.807，BF2 的因素载荷量为 0.79，BF3 的因素载荷量为 0.603，BF4 的因素载荷量为 0.65。测量模型及各指标见图 3-6 和表 3-19，均达到相关要求。AVE 值为 0.516，高于 0.36，说明商业友谊测量模型有较好的收敛效度。卡方值 = 13.206，自由度 = 2，卡方/自由度 = 6.603，GFI = 0.985，AGFI = 0.926，RMSEA = 0.114，SRMR = 0.0331，CFI = 0.980，TLI = 0.94。模型拟合度指标均符合要求。

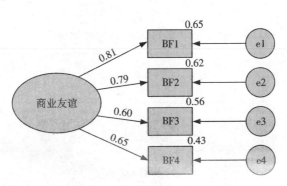

图 3 - 6　商业友谊测量模型

表 3 - 19　商业友谊测量模型及模型拟合度指标

商业友谊	Estimate	S. E.	C. R.	P	SMC	AVE
BF1	0.807				0.651	0.516
BF2	0.79	0.079	14.716	***	0.624	
BF3	0.603	0.065	11.736	***	0.364	
BF4	0.652	0.066	12.711	***	0.425	
模型拟合度指标：卡方值 = 13.206，自由度 = 2，卡方/自由度 = 6.603，GFI = 0.985，AGFI = 0.926，RMSEA = 0.114，SRMR = 0.0331，CFI = 0.980，TLI = 0.94						

（四）场景依恋的验证性因素分析

使用 AMOS 24.0 结构方程模型对场景认同进行验证性因素分析，场景认同共有 3 个题项，导入 AMOS 24.0 后，SCOG1 的因素载荷量为 0.727，SCOG2 的因素载荷量为 0.809，SCOG3 的因素载荷量为 0.772。均达到相关要求。AVE 值为 0.593，高于 0.5，说明场景认同测量模型有较好的收敛效度。详见表 3 - 20 和图 3 - 7。因只有三个题项，故无需表述模型拟合度。

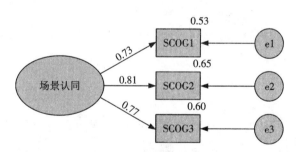

图 3 - 7　场景认同测量模型

表 3 - 20　场景认同测量模型指标

场景认同	Estimate	S. E.	C. R.	P	SMC	AVE
SCOG1	0.727				0.529	0.593
SCOG2	0.809	0.077	13.476	***	0.654	
SCOG3	0.772	0.074	13.431	***	0.596	

使用 AMOS 24.0 结构方程模型对场景依赖进行验证性因素分析，场景

依赖共有 4 个题项，导入 AMOS 24.0 后，SR1 的因素载荷量为 0.692，SR2 的因素载荷量为 0.758，SR3 的因素载荷量为 0.658，SR4 的因素载荷量为 0.665。测量模型各指标详见表 3 - 21 和图 3 - 8，均达到相关要求。AVE 值为 0.482，高于 0.36，说明场景依赖测量模型有较好的收敛效度。卡方值 = 2.055，自由度 = 2，卡方/自由度 = 1.027，FI = 0.998，AGFI = 0.988，RMSEA = 0.008，SRMR = 0.0113，CFI = 1.000，TLI = 1.000。模型拟合度指标均符合要求。

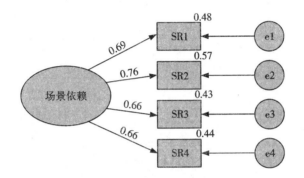

图 3 - 8　场景依赖测量模型

表 3 - 21　场景依赖测量模型及模型拟合度指标

场景依赖	Estimate	S. E.	C. R.	P	SMC	AVE
SR1	0.692				0.479	0.482
SR2	0.758	0.098	12.044	***	0.575	
SR3	0.658	0.092	11.111	***	0.433	
SR4	0.665	0.093	11.194	***	0.442	
模型拟合度指标：卡方值 = 2.055，自由度 = 2，卡方/自由度 = 1.027，GFI = 0.998，AGFI = 0.988，RMSEA = 0.008，SRMR = 0.0113，CFI = 1.000，TLI = 1.000						

（五）直播涉入度的验证性因素分析

使用 AMOS 24.0 结构方程模型对直播涉入度进行验证性因素分析，直播涉入度共有 5 个题项，导入 AMOS 24.0 后，IN1 的因素载荷量为 0.71，

IN2 的因素载荷量为 0. 742，IN3 的因素载荷量为 0. 614，IN4 的因素载荷量
为 0. 796，IN5 的因素载荷量为 0. 742。测量模型各指标见图 3 - 9 和表 3 -
22，均达到相关要求。AVE 值为 0. 523，高于 0. 36，说明直播涉入度测量模
型有较好的收敛效度。卡方值 = 34. 797，自由度 = 5，卡方/自由度 = 6. 959，
GFI = 0. 967，AGFI = 0. 902，RMSEA = 0. 117，SRMR = 0. 0379，CFI = 0. 964，
TLI = 0. 928，模型拟合度指标均符合要求。

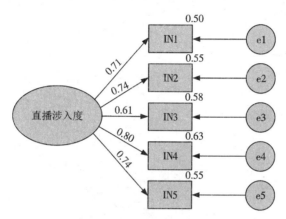

图 3 - 9　直播涉入度测量模型

表 3 - 22　直播涉入度测量模型及模型拟合度指标

直播涉入度	Estimate	S. E.	C. R.	P	SMC	AVE
IN1	0. 71				0. 504	0. 523
IN2	0. 742	0. 08	13. 725	* * *	0. 551	
IN3	0. 614	0. 084	11. 543	* * *	0. 377	
IN4	0. 796	0. 089	14. 509	* * *	0. 634	
IN5	0. 742	0. 081	13. 72	* * *	0. 551	
模型拟合度指标：卡方值 = 34. 797，自由度 = 5，卡方/自由度 = 6. 959，GFI = 0. 967，AGFI = 0. 902，RMSEA = 0. 117，SRMR = 0. 0379，CFI = 0. 964，TLI = 0. 928						

三、构面相关和区别效度分析

Fornell & Larcker（1981）建议，构面 AVE 之平方根即为区别效度，其

值大部分应大于构面与其他构面之相关。表 3 - 23 中对角线加粗的数字即为区别效度，本书各个构面的区别效度大部分大于各个构面的相关系数，因此区别效度基本符合要求。此外，构面之间的相关大部分最好在 0.3 ~ 0.7 之间。从表 3 - 23 中可以看到，八个构面之间的相关大部分在 0.4 ~ 0.7 之间，基本符合要求。

表 3 - 23　区别效度分析

构面	AVE	IN	SR	BF	COG	SS	LC	SCOG	JZ
IN	0.523	**0.723**							
SR	0.482	0.729	**0.694**						
BF	0.516	0.7	0.658	**0.718**					
COG	0.420	0.626	0.611	0.544	**0.648**				
SS	0.423	0.495	0.522	0.506	0.333	**0.650**			
LC	0.429	0.377	0.568	0.468	0.324	0.733	**0.655**		
SCOG	0.593	0.726	0.768	0.691	0.607	0.474	0.386	**0.694**	
JZ	0.441	0.454	0.531	0.477	0.302	0.601	0.764	0.436	**0.644**

注：对角线上的粗体字为 AVE 的平方根，对角线下方为构面皮尔逊相关。

第四节　模型检验及分析

本章运用结构方程模型进行假设检验。首先构建整体检验模型对理论假设进行检验，然后通过实证检验结果剔除没有通过检验的假设，接着探讨认同感和商业友谊的中介作用，最后探讨直播涉入度的调节效应。

一、违反估计检验

使用 AMOS 24.0 软件对模型检验，由表 3 - 24 可以看出，残差项 Estimate 均为正值且显著，所以均没有违反估计。

表 3 – 24　违反估计检验

残差项	Estimate	S. E.	C. R.	P	残差项	Estimate	S. E.	C. R.	P
e1	0.827	0.066	12.552	***	e17	0.935	0.071	13.121	***
e2	1.002	0.079	12.712	***	e18	0.83	0.077	10.792	***
e3	0.654	0.059	11.157	***	e19	0.533	0.053	10.03	***
e4	1.12	0.096	11.612	***	e20	0.705	0.058	12.052	***
e5	0.811	0.077	10.469	***	e21	0.723	0.059	12.171	***
e6	0.746	0.076	9.778	***	e22	0.75	0.061	12.292	***
e7	0.633	0.053	11.869	***	e23	0.558	0.047	11.85	***
e8	0.972	0.08	12.191	***	e24	1.084	0.082	13.185	***
e9	0.767	0.077	9.953	***	e25	0.87	0.079	11.069	***
e10	1.366	0.107	12.742	***	e26	0.967	0.081	11.882	***
e11	0.838	0.07	11.958	***	e27	0.822	0.069	11.834	***
e12	0.683	0.056	12.202	***	e28	0.461	0.078	5.906	***
e13	0.7	0.061	11.443	***	e29	0.482	0.075	6.388	***
e14	0.869	0.069	12.654	***	e30	0.184	0.035	5.215	***
e15	0.755	0.064	11.81	***	e31	0.422	0.067	6.302	***
e16	0.861	0.069	12.484	***					

注：*** 表示 $P < 0.001$。

二、结构方程模型检验

（一）初始结构方程模型检验

表 3 – 25 的拟合度表明，初始的模型拟合效果良好，卡方与自由度之比是 2.289，GFI 和 AGFI 的值分别为 0.891 和 0.864，RMSEA 为 0.055，SRMR 为 0.0574，CFI 和 TLI 为 0.908 和 0.894，各项指标均满足了模型拟合效果的推荐标准。

表 3 - 25　模型拟合度

Index	Criteria	Model fit	Result
Chi-square	越小越好	695.989	
自由度	越大越好	304	
卡方/自由度	<3	2.289	符合标准
GFI	>0.9	0.891	可接受
AGFI	>0.9	0.864	可接受
RMSEA	<0.08	0.055	符合标准
SRMR	<0.08	0.0574	符合标准
CFI	>0.9	0.908	符合标准
TLI（NNFI）	>0.9	0.894	可接受

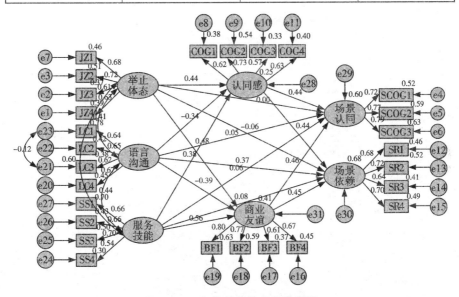

图 3 - 10　初始的结构方程模型图

初始的假设检验的结果如表 3 - 26 所示。从表 3 - 26 可以看出，除了语言沟通到场景依赖的直接效应显著，电商直播服务场景中其他社会线索对场景依恋的直接效应均不显著，其他假设均没有得到验证。另外，语言沟通到认同感和商业友谊的直接作用虽然显著，却为负值，即负相关，与研究假设恰好相反。此外，其他 9 条路径均显著。从标准化系数来看，举止体态每增加一个标准差，认同感会增加 0.44 个标准差，商业友谊增加 0.483 个标准差。服务技能每增加一个标准差，认同感增加 0.378 个标准差，商业友谊增加 0.557 个标准差。认同感每增加一个标准差，场景认同增加 0.439 个标准差，场景依赖增加 0.436 个标准差。商业友谊每增加一个标准差，场景认同增加 0.459 个标准差，场景依赖增加 0.454 个标准差。可以看出，服务技能对商业友谊的影响最大。

在结构方程模型中，R2 如果小于 0.33 说明自变量对因变量解释力较小，自变量选择不理想，R2 在 0.33~0.67 之间说明自变量对因变量解释能力为中等，R2 大于 0.67 说明自变量对因变量解释能力较好，自变量选择较好。认同感的 R2 为 0.23，商业友谊的 R2 为 0.411。认同感的 R2 较小，说明认同感的解释能力较小。场景依赖的 R2 为 0.68，场景认同的 R2 为 0.601，均大于 0.67，说明自变量对因变量解释能力较好，自变量的选择也较好。

表 3 - 26　初始结构模型检验结果

假设	路径	Unstd.	S. E.	C. R.	P	Std.	结论	R2
H1a	认同感 <--举止体态	0.467	0.148	3.15	0.002	0.44	成立	0.23
H2a	商业友谊 <--举止体态	0.56	0.152	3.693	***	0.483	成立	0.411
H1b	认同感 <--语言沟通	- 0.354	0.168	- 2.102	0.036	- 0.342	不成立	
H2b	商业友谊 <--语言沟通	- 0.441	0.176	- 2.505	0.012	- 0.389	不成立	
H1c	认同感 <--服务技能	0.433	0.128	3.375	***	0.378	成立	
H2c	商业友谊 <--服务技能	0.699	0.141	4.941	***	0.557	成立	
H3a	场景认同 <--认同感	0.623	0.098	6.358	***	0.439	成立	
H3b	场景依赖 <--认同感	0.426	0.069	6.193	***	0.436	成立	0.68
H4a	场景认同 <--商业友谊	0.596	0.1	5.945	***	0.459	成立	0.601
H4b	场景依赖 <--商业友谊	0.406	0.071	5.752	***	0.454	成立	
H5a	场景认同 <--举止体态	- 0.002	0.186	- 0.012	0.99	- 0.001	不成立	
H5d	场景依赖 <--举止体态	- 0.067	0.133	- 0.505	0.613	- 0.065	不成立	
H5b	场景认同 <--语言沟通	0.074	0.206	0.359	0.719	0.05	不成立	
H5e	场景依赖 <--语言沟通	0.371	0.153	2.417	0.016	0.366	成立	
H5c	场景认同 <--服务技能	0.072	0.17	0.422	0.673	0.044	不成立	
H5f	场景依赖 <--服务技能	- 0.092	0.122	- 0.756	0.45	- 0.082	不成立	

注：*** 表示 $P < 0.001$。

（二）初始结构方程模型检验修正结构方程模型检验

从表 3 - 26 可以看出，举止体态到场景依恋的直接路径不显著，因此，删去举止体态到场景认同和场景依赖的直接路径，重新运行，得到修正模型

M1，结果见表 3 -27 和图 3 -11。模型拟合度见表 3 -30。

表 3 -27 删除举止体态到场景认同和场景依赖直接作用后的结构模型检验结果

假设	路径	Unstd.	S. E.	C. R.	P	Std.	结论	R2
H1a	认同感 <--举止体态	0.429	0.14	3.056	0.002	0.405	成立	0.22
H2a	商业友谊 <--举止体态	0.521	0.143	3.629	***	0.45	成立	0.399
H1b	认同感 <--语言沟通	- 0.303	0.159	- 1.906	0.057	- 0.293	不成立	
H2b	商业友谊 <--语言沟通	- 0.387	0.165	- 2.349	0.019	- 0.343	不成立	
H1c	认同感 <--服务技能	0.414	0.126	3.29	0.001	0.361	成立	
H2c	商业友谊 <--服务技能	0.677	0.138	4.911	***	0.541	成立	
H3a	场景认同 <--认同感	0.622	0.092	6.757	***	0.439	成立	
H3b	场景依赖 <--认同感	0.415	0.063	6.572	***	0.425	成立	0.674
H4a	场景认同 <--商业友谊	0.594	0.09	6.624	***	0.458	成立	0.599
H4b	场景依赖 <--商业友谊	0.39	0.062	6.344	***	0.436	成立	
H5b	场景认同 <--语言沟通	0.057	0.115	0.49	0.624	0.039	不成立	
H5e	场景依赖 <--语言沟通	0.301	0.083	3.634	***	0.298	成立	
H5c	场景认同 <--服务技能	0.089	0.157	0.571	0.568	0.055	不成立	
H5f	场景依赖 <--服务技能	- 0.063	0.109	- 0.578	0.563	- 0.056	不成立	

注：*** 表示 $P < 0.001$。

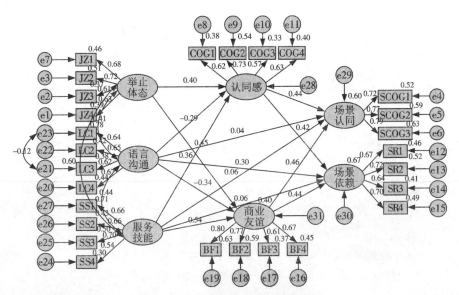

图 3 -11 修正结构方程模型（M1）

从表 3 - 27 可以看出,服务技能到场景依恋的直接路径不显著,因此,在 M1 的基础上删去服务技能到场景认同和场景依赖的直接路径,得到修正模型 M2,模型检验结果见表 3 - 28 和图 3 - 12。模型拟合度见表 3 - 30。

表 3 - 28   删除服务技能到场景认同和场景依赖直接作用后的结构模型检验结果

假设	路径	Unstd.	S. E.	C. R.	P	Std.	结论	R2
H1a	认同感 <--举止体态	0.428	0.14	3.05	0.002	0.404	成立	0.22
H2a	商业友谊 <--举止体态	0.52	0.144	3.62	***	0.449	成立	0.399
H1b	认同感 <--语言沟通	- 0.299	0.158	- 1.896	0.058	- 0.29	不成立	
H2b	商业友谊 <--语言沟通	- 0.383	0.164	- 2.34	0.019	- 0.34	不成立	
H1c	认同感 <--服务技能	0.413	0.123	3.349	***	0.36	成立	
H2c	商业友谊 <--服务技能	0.675	0.136	4.972	***	0.539	成立	
H3a	场景认同 <--认同感	0.63	0.09	6.972	***	0.445	成立	
H3b	场景依赖 <--认同感	0.408	0.061	6.702	***	0.418	成立	0.67
H4a	场景认同 <--商业友谊	0.616	0.082	7.518	***	0.476	成立	0.598
H4b	场景依赖 <--商业友谊	0.374	0.054	6.865	***	0.419	成立	
H5b	场景认同 <--语言沟通	0.105	0.079	1.32	0.187	0.072	不成立	
H5e	场景依赖 <--语言沟通	0.266	0.057	4.677	***	0.264	成立	

注: *** 表示 $P < 0.001$。

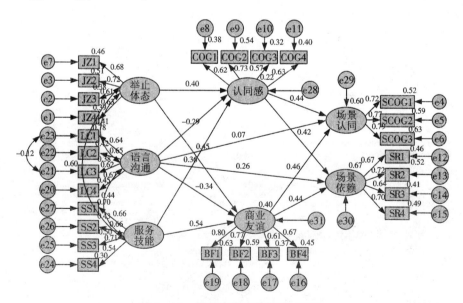

图 3 - 12   修正结构方程模型 (M2)

从表 3 - 28 可以看出，语言沟通到场景认同的直接路径不显著，因此，在 M2 的基础上删去语言沟通到场景认同的直接路径，得到修正模型 M3，模型检验结果见表 3 - 29 和图 3 - 13。模型拟合度见表 3 - 30。

表 3 - 29　删除语言沟通到场景认同直接路径后的结构模型检验结果

假设	路径	Unstd.	S. E.	C. R.	P	Std.	结论	R2
H1a	认同感 <--举止体态	0.404	0.137	2.944	0.003	0.382	成立	0.219
H2a	商业友谊 <--举止体态	0.497	0.14	3.543	***	0.43	成立	0.398
H1b	认同感 <--语言沟通	-0.252	0.153	-1.649	0.099	-0.244	不成立	
H2b	商业友谊 <--语言沟通	-0.339	0.158	-2.141	0.032	-0.301	不成立	
H1c	认同感 <--服务技能	0.395	0.121	3.265	0.001	0.345	成立	
H2c	商业友谊 <--服务技能	0.659	0.133	4.946	***	0.526	成立	
H3a	场景认同 <--认同感	0.648	0.09	7.207	***	0.458	成立	
H3b	场景依赖 <--认同感	0.411	0.061	6.707	***	0.42	成立	0.671
H4a	场景认同 <--商业友谊	0.655	0.079	8.277	***	0.506	成立	0.601
H4b	场景依赖 <--商业友谊	0.381	0.055	6.954	***	0.427	成立	
H5e	场景依赖 <--语言沟通	0.249	0.056	4.418	***	0.247	成立	

注：*** 表示 $P < 0.001$。

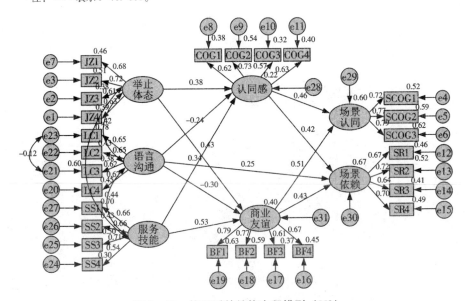

图 3 - 13　修正后的结构方程模型（M3）

表 3 - 30　各修正模型的拟合度比较

模型	修正描述	卡方值	自由度	卡方/自由度	GFI	AGFI	RMSEA	SRMR	CFI	TLI
M	初始模型	695.989	304	2.289	0.891	0.864	0.055	0.0574	0.908	0.894
M1	删去举止体态到场景认同和场景依赖的直接路径	696.222	306	2.275	0.891	0.865	0.054	0.058	0.908	0.895
M2	M1 的基础上删去服务技能到场景认同和场景依赖的直接路径	697.212	308	2.264	0.891	0.866	0.054	0.058	0.909	0.896
M3	M2 的基础上删去语言沟通到场景认同的直接路径	698.874	309	2.262	0.891	0.866	0.054	0.058	0.908	0.896

对上述 4 个模型的路径系数和拟合度指标比较后，发现 M3 拟合度指标和路径系数在这 4 个模型中相对最好，因此本书最终采用修正后的模型 M3 作为最优模型。

综上，本章共 4 个总假设，16 个分假设。其中有 9 个得到验证，有 7 个未得到验证，结果见表 3 -31 所示：

表 3 - 31　假设检验结果

假设	具体内容	结果
H1	电商直播服务场景中的社会要素对在线顾客的认同感有显著正向作用。	
H1a	电商直播服务场景社会要素中的举止体态对在线顾客的认同感有显著正向作用。	
H1b	电商直播服务场景社会要素中的语言沟通对在线顾客的认同感有显著正向作用。	不成立
H1c	电商直播服务场景社会要素中的服务技能对在线顾客的认同感有显著正向作用。	成立
H2	电商直播服务场景中的社会要素对在线顾客的商业友谊有显著正向作用。	
H2a	电商直播服务场景社会要素中的举止体态对在线顾客的商业友谊有显著正向作用。	成立
H2b	电商直播服务场景社会要素中的语言沟通对在线顾客的商业友谊有显著正向作用。	不成立

（续表）

假设	具体内容	结果
H2c	电商直播服务场景社会要素中的服务技能对在线顾客的商业友谊有显著正向作用。	成立
H3	电商直播服务场景中用户的认同感对场景依恋有显著正向作用。	
H3a	电商直播服务场景中用户的认同感对在线顾客的场景认同有正向作用。	成立
H3b	电商直播服务场景中用户的认同感对在线顾客的场景依赖有正向作用。	成立
H4	电商直播服务场景中用户的商业友谊对场景依恋有显著正向作用。	
H4a	电商直播服务场景中用户的商业友谊对在线顾客的场景认同有正向作用。	成立
H4b	电商直播服务场景中用户的商业友谊对在线顾客的场景依赖有正向作用。	成立
H5	电商直播服务场景中的社会要素对在线顾客的场景依恋有正向作用。	
H5a	电商直播服务场景社会要素中的举止体态对在线顾客的场景认同有显著正向作用。	不成立
H5b	电商直播服务场景社会要素中的语言沟通对在线顾客的场景认同有显著正向作用。	不成立
H5c	电商直播服务场景社会要素中的服务技能对在线顾客的场景认同有显著正向作用。	不成立
H5d	电商直播服务场景社会要素中的举止体态对在线顾客的场景依赖有显著正向作用。	不成立
H5e	电商直播服务场景社会要素中的语言沟通对在线顾客的场景依赖有显著正向作用。	成立
H5f	电商直播服务场景社会要素中的服务技能对在线顾客的场景依赖有显著正向作用。	不成立

三、中介效应检验

接下来，使用 AMOS 进行中介分析。为了检验认同感和商业友谊是否在理论模型中起中介作用，本书使用 AMOS 24.0 进行中介分析显著性检验。借鉴温忠麟、叶宝娟①（2014）的中介效应分析方法，本书使用 Bootstrap

① 温忠麟，叶宝娟. 中介效应分析：方法和模型发展 ［J］. 心理科学进展，2014，22（5）：731－745.

的方法进行中介效应的检验。具体来讲，将 Bootstrap 设定为运行 1000 次，百分位置信区间设定为 95%，偏差矫正置信区间设定为 95%。

由于语言沟通的认同感和商业友谊的直接效应都不显著，因此，在此不检验认同感和商业友谊在语言沟通和场景认同和场景依赖中的中介效应。最后根据上文的结论，在 M3 的基础上进行中介效应分析。得到表 3-32 的结果。

表 3-32　中介效应检验

| 中介效应路径 | Point Estimate | product of coefficient | Bootstrap 1000 times 95% CI | | | | | 中介效应 |
| | | | Bias corrected | | | Percentile | | |
			SE Z-value	Lower	Upper	Lower	Upper	
COG1IE	0.149	0.08	1.863	0.001	0.331	-0.002	0.319	不显著
COG2IE	0.093	0.054	1.722	0.002	0.227	-0.001	0.217	不显著
COG3IE	0.192	0.088	2.182	0.049	0.436	0.038	0.388	显著/完全中介
COG4IE	0.12	0.057	2.105	0.033	0.262	0.024	0.251	显著/完全中介
BF1IE	0.177	0.088	2.011	0.021	0.357	0.024	0.362	显著/完全中介
BF2IE	0.103	0.051	2.020	0.019	0.21	0.015	0.205	显著/完全中介
BF3IE	0.344	0.106	3.245	0.179	0.58	0.174	0.578	显著/完全中介
BF4IE	0.199	0.064	3.109	0.102	0.354	0.099	0.342	显著/完全中介

注：Z-value = Point Estimate/SE

第一行 COG1IE 代表认同感在举止体态到场景认同的中介效果。Z-value = 1.863，小于 1.96 代表不显著，Bias corrected 的 Lower 和 Upper 不包含 0，Percentile 的 Lower 和 Upper 包含 0，因此代表认同感在举止体态到场景认同的中介效果不成立。

第二行 COG2IE 代表认同感在举止体态到场景依赖的中介效果。Z-value = 1.722，小于 1.96 代表不显著，Bias corrected 的 Lower 和 Upper 不包含 0，Percentile 的 Lower 和 Upper 包含 0，因此代表认同感举止体态到场景依赖的中介效果不成立。

第三行 COG3IE 代表认同感在服务技能到场景认同的中介效果。Z-value = 2.182，大于 1.96 代表显著，Bias corrected 的 Lower 和 Upper 和 Percentile 的

Lower 和 Upper 都没有包含 0，因此代表认同感在服务技能到场景认同的中介效果成立，由于服务技能对场景认同的直接效果不成立，所以为完全中介效果。

第四行 COG4IE 代表认同感在服务技能到场景依赖的中介效果。Z-value = 2.105，大于 1.96 代表显著，Bias corrected 的 Lower 和 Upper 和 Percentile 的 Lower 和 Upper 都没有包含 0，因此代表认同感在服务技能到场景依赖的中介效果成立，由于服务技能对场景依赖的直接效果不成立，所以为完全中介效果。

第五行 BF1IE 代表商业友谊在举止体态到场景认同的中介效果。Z-value = 2.011，大于 1.96 代表显著，Bias corrected 的 Lower 和 Upper 和 Percentile 的 Lower 和 Upper 都没有包含 0，因此代表商业友谊在举止体态到场景认同的中介效果成立，由于举止体态对场景认同的直接效果不成立，所以为完全中介效果。

第六行 BF2IE 代表商业友谊在举止体态到场景依赖的中介效果。Z-value = 2.02，大于 1.96 代表显著，Bias corrected 的 Lower 和 Upper 和 Percentile 的 Lower 和 Upper 都没有包含 0，因此代表商业友谊在举止体态到场景依赖的中介效果成立，由于举止体态对场景依赖的直接效果不成立，所以为完全中介效果。

第七行 BF3IE 代表商业友谊在服务技能到场景认同的中介效果。Z-value = 3.245，大于 1.96 代表显著，Bias corrected 的 Lower 和 Upper 和 Percentile 的 Lower 和 Upper 都没有包含 0，因此代表商业友谊在服务技能到场景认同的中介效果成立，由于服务技能对场景认同的直接效果不成立，所以为完全中介效果。

第八行 BF4IE 代表商业友谊在服务技能到场景依赖的中介效果。Z-value = 3.109，大于 1.96 代表显著，Bias corrected 的 Lower 和 Upper 和 Percentile 的 Lower 和 Upper 都没有包含 0，因此代表商业友谊在服务技能到场景依赖的中介效果成立，由于服务技能对场景依赖的直接效果不成立，所以为完全中介效果。

综上，中介效应共 12 个研究假设，其中 6 个得到验证成立，另外 6 个中介效应不成立，见表 3-33。

表 3 – 33　中介效应检验结果一览表

假设	具体内容	结果
H6	认同感会中介电商直播中社会线索对场景依恋的影响效应。	
H6a	认同感会中介电商直播社会线索中举止体态对场景认同的影响效应。	不成立
H6b	认同感会中介电商直播社会线索中语言沟通对场景认同的影响效应。	不成立
H6c	认同感会中介电商直播社会线索中服务技能对场景认同的影响效应。	成立
H6d	认同感会中介电商直播社会线索中举止体态对场景依赖的影响效应。	不成立
H6e	认同感会中介电商直播社会线索中语言沟通对场景依赖的影响效应。	不成立
H6f	认同感会中介电商直播社会线索中服务技能对场景依赖的影响效应。	成立
H7	商业友谊会中介电商直播中社会线索对场景依恋的影响效应。	
H7a	商业友谊会中介电商直播社会线索中举止体态对场景认同的影响效应。	成立
H7b	商业友谊会中介电商直播社会线索中语言沟通对场景认同的影响效应。	不成立
H7c	商业友谊会中介电商直播社会线索中服务技能对场景认同的影响效应。	成立
H7d	商业友谊会中介电商直播社会线索中举止体态对场景依赖的影响效应。	成立
H7e	商业友谊会中介电商直播社会线索中语言沟通对场景依赖的影响效应。	不成立
H7f	商业友谊会中介电商直播社会线索中服务技能对场景依赖的影响效应。	成立

四、直播涉入度的调节效应检验

（一）直播涉入度在认同感和商业友谊对场景认同中的调节效应

调节效应检验采用分层多元回归的方法，用三个模型来分析数据。首先我们对所有的变量均进行了均值中心和处理。对认同感、商业友谊、场景认同和涉入度取均值，然后对均值进行标准化。使用 SPSS 22.0 的线性回归进行处理。模型因变量为场景认同，模型 1 检查了控制变量年龄、性别、收入和学历的作用，模型 2 在模型 1 的基础上增加了自变量（认同感、商业友谊）和调节变量（涉入度），模型 3 在模型 2 的基础上增加了自变量与调节变量的交互作用，MO3 是认同感均值的标准化值与涉入度均值标准化值相乘，MO4 是商业友谊均值的标准差与涉入度均值标准差相乘，分析结果如表 3 – 34 所示。

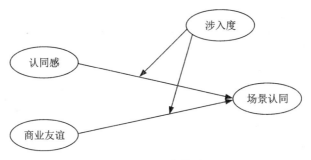

图 3 - 14　调节模型 1

　　表 3 - 34 模型 1 到模型 3 中，四个控制变量中，除了收入（$P <$ 0.002），其他三个均不显著。模型二和模型三中，认同感和商业友谊对场景认同影响显著。模型的 H3 再次得到验证。关于直播涉入度的调节作用，模型 3 结果显示，在认同感与场景认同的关系中，认同感显著（$P < 0.035$）正向影响场景认同（标准系数为 2.12），用户涉入度越高，直播用户场景认同越高，H8a 得到验证；在商业友谊与场景认同的关系中，涉入度的影响作用不显著（$P < 0.48$），H9b 没有得到验证。（表 3 - 34 中的数字"- .461"为"- 0.461"，表里的 0 均省略。表 3 - 35 同。）

表 3 - 34　调节模型 1 的检验结果

模型		系数ᵃ				显著性
		非标准化系数		标准系数		
		β	标准错误	β	t	
1	（常量）	- .461	.333		- 1.385	.167
	age	- .025	.080	- .018	- .314	.754
	gender	.164	.138	.062	1.186	.236
	education	- .148	.119	- .061	- 1.245	.214
	income	.209	.068	.169	3.087	.002
2	（常量）	.026	.215		.123	.902
	age	- .037	.051	- .027	- .719	.473
	gender	.009	.089	.004	.106	.916
	education	.017	.076	.007	.225	.822
	income	.008	.044	.007	.183	.855
	ZBFmean	.123	.040	.123	3.074	.002
	ZCOGmean	.125	.037	.125	3.383	.001
	ZINmean	.624	.041	.624	15.316	.000

（续表）

模型		系数[a]				显著性
		非标准化系数		标准系数		
		β	标准错误	β	t	
3	（常量）	.024	.215		.112	.911
	age	−.042	.051	−.030	−.823	.411
	gender	.008	.088	.003	.095	.924
	education	.015	.077	.006	.197	.844
	income	.009	.044	.007	.202	.840
	ZBFmean	.114	.040	.114	2.858	.004
	ZCOGmean	.141	.038	.141	3.748	.000
	ZINmean	.635	.041	.635	15.467	.000
	MO3	.071	.034	.084	2.120	.035
	MO4	−.025	.036	−.028	−.707	.480
a. 因变量：ZSCOGmean						

（二）直播涉入度在认同感和商业友谊对场景依赖中的调节效应

本部分依旧采用分层多元回归的方法，用三个模型来分析数据。首先我们对所有的变量均进行了均值中心化处理。对认同感、商业友谊、场景依赖和涉入度取均值，然后对均值进行标准化。使用 SPSS 22.0 的线性回归进行处理。模型因变量为场景依赖，模型 1 检查了控制变量年龄、性别、收入和学历的作用，模型 2 在模型 1 的基础上增加了自变量（认同感、商业友谊）和调节变量（涉入度），模型 3 在模型 2 的基础上增加了自变量与调节变量的交互作用，MO3 是认同感均值的标准化值与涉入度均值标准化值相乘，MO4 是商业友谊均值的标准差与涉入度均值标准差相乘，分析结果如表 3-35 所示。

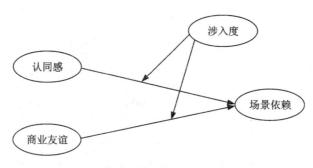

图 3-15　调节模型 2

表3－35模型1到模型3中，四个控制变量的作用与前文一致，只有收入（$P<0.003$）的控制作用显著，其他三个均不显著。模型二和模型三中，认同感和商业友谊对场景依赖影响显著。模型的H3和H4再次得到验证。关于直播涉入度的调节作用，模型3结果显示，在认同感与场景依赖的关系中，涉入度（$P<0.347$）调节作用不成立，H8b未得到验证；在商业友谊与场景依赖的关系中，涉入度的影响作用不显著（$P<0.664$），H9b没有得到验证。

表3－35　调节模型2的检验结果

模型		系数[a]				显著性
		非标准化系数		标准系数		
		β	标准错误	β	t	
1	（常量）	－.146	.335		－.437	.662
	age	－.058	.080	－.042	－.720	.472
	gender	.047	.139	.018	.336	.737
	education	－.149	.119	－.062	－1.251	.212
	income	.205	.068	.166	3.014	.003
2	（常量）	.231	.248		.930	.353
	age	－.076	.059	－.055	－1.288	.199
	gender	－.087	.102	－.033	－.850	.396
	education	－.001	.088	.000	－.012	.990
	income	.053	.051	.043	1.040	.299
	ZBFmean	.311	.046	.311	6.756	.000
	ZCOGmean	.160	.043	.160	3.745	.000
	ZINmean	.342	.047	.342	7.265	.000
3	（常量）	.231	.249		.927	.354
	age	－.079	.059	－.057	－1.330	.184
	gender	－.087	.102	－.033	－.852	.394
	education	－.001	.089	.000	－.007	.994
	income	.053	.051	.043	1.036	.301
	ZBFmean	.307	.046	.307	6.623	.000
	ZCOGmean	.168	.044	.168	3.854	.000
	ZINmean	.346	.048	.346	7.276	.000
	MO3	.037	.039	.043	.942	.347
	MO4	－.018	.042	－.020	－.435	.664

a. 因变量：ZSRmean

综上，调节效应共 4 个研究假设，其中只有 1 个得到验证，其他 3 个未得到验证。见表 3 - 36。

表 3 - 36　调节效应检验结果一览表

假设	具体内容	结果
H8	直播涉入度会调节认同感对场景依恋的影响效应。直播涉入度越高，直播场景依恋越高。	
H8a	直播涉入度会调节认同感对场景依恋的影响效应。直播涉入度越高，直播场景认同越高。	成立
H8b	直播涉入度会调节认同感对场景依恋的影响效应。直播涉入度越高，直播场景依赖越高。	不成立
H9	直播涉入度会调节商业友谊对场景依恋的影响效应。直播涉入度越高，直播场景依恋越高。	
H9a	直播涉入度会调节商业友谊对场景依恋的影响效应。直播涉入度越高，直播场景认同越高。	不成立
H9b	直播涉入度会调节商业友谊对场景依恋的影响效应。直播涉入度越高，直播场景依赖越高。	不成立

第五节　本章初步结论及小结

一、本章的初步结论

本章将电商直播中服务场景的社会线索分为三个维度：语言沟通、举止体态和服务技能。这一结果丰富了近年来有关网络直播以及对网络服务场景的研究。本章是对电商直播作为服务场景领域研究的一次尝试。研究以中国电商直播为研究背景，在服务场景社会线索、认同感、商业友谊和场景依恋等理论基础上，构建了服务场景社会线索、商业友谊、认同感和场景依恋的影响关系模型，并通过实证研究对模型进行了检验，研究结论分析如下：

第一，购物网站的服务场景社会线索可以分为语言沟通、举止体态和服务技能等三个维度，场景依恋由场景认同和场景依赖两个维度构成，服务场景的社会线索中的举止体态和服务技能对认同感、商业友谊、场景依恋有直接显著的影响，服务场景的社会线索中的语言沟通对认同感和商业友谊的直接作用不显著；验证了电商直播服务场景社会线索中的举止体态和服务技能对认同感和商业友谊的直接作用，也验证了认同感和商业友谊对场景依恋的作用。电商直播作为一种在线服务场景，用户通过收看，不仅获得与购买决策相关的信息，还可能与主播产生认同感和情谊。本章拓展了在线购物领域的相关研究，以及电商直播服务场景中社会线索与场景依恋的研究。

第二，证实了认同感在服务技能到场景依恋的中介作用。认同感对场景认同和场景依赖是完全中介效应。同时验证了商业友谊在举止体态和服务技能到场景依恋的中介作用。商业友谊对场景认同和场景依赖起完全中介作用。

第三，采用分层多元回归的方法，对直播涉入度进行调节效应检验发现，在控制变量中，收入的调节效应显著，验证了认同感显著正向影响场景认同。

二、本章小结

本章在电商直播背景下研究了服务场景社会线索、认同感、商业友谊和场景依恋的影响关系，但是研究情境仅限于目前刚刚兴起的淘宝、抖音和微博等的电商直播，研究的结论是否适合于其他电商平台，还有待商榷。在用户场景依恋的影响因素方面，仅考虑了服务场景社会线索的影响，尚未考虑物理线索以及顾客心理动机等因素的影响，在未来的研究中需要进一步完善这些方面的研究。

第四章
电商直播服务场景社会线索与消费者在线行为意向研究

　　本书第二章在扎根研究的基础上，提出电商直播对消费者在线行为意向的作用机制理论模型。但该模型是建立在小样本的基础上得出的，有待大样本的进一步检验。因此，本章在第二章的基础上，进一步提出假设模型，并通过问卷调查进行实证检验。由于扎根研究所提炼的要素较多，加上结构方程模型的构面最好在 5~7 个之间，才能得到比较理想的结果。因此，本章在进行实证检验时，将第二章的理论模型作为主要参考之一，主要检验电商直播服务场景的社会线索对社会临场感和在线行为意向的作用。同时参考其他学者的相关量化研究，在此基础上，提出本章的理论模型并进行检验。

　　随着互联网技术的发展，企业开始运用互联网思维去搭建场景企业构建特定的场景，能够实现精准营销，同时还能够加强与消费者的互动交流，增强他们对企业的信任。电商直播作为一种在线服务场景，可以通过在线直播，实时向用户展示和讲解产品，是对传统线下"面对面"服务场景的最好的还原，用户不仅能看到试穿和使用效果，还可以通过提问得到传统的在线页面展示不能提供的信息。这种"面对面"的沟通，有别于传统的在线产品展示方式，不仅丰富了产品信息内容，而且通过服务人员的讲解增加了用户的"身临其境"的在场感知，大大提升了用户的临场体验。社会临场感是指在利用媒体进行沟通过程中，一个人被视为"真实的人"的程度及与他人联系的感知程度，主要强调媒介能够使用户体验到他人存在的程度而用户在体验之后会因此相应地产生社会临场知觉。Biocca 等（2003）提出，社会临场感提升了消费者的沉浸体验，帮助消费者与商家建立亲近感，拉近社会距离。从而积极影响消费者的购物体验。① 社会临场感理论认为个人能够借由媒介产生从而感知别人存在，不同的媒介有不同的传输能力，也产生不同的心理效果。它能够促进虚拟环境中人与人的关系的构建，增加人与人的亲近感，从而增加信任，降低感知风险。

　　一些研究显示，社会临场感能够促进网络购物环境中人与人之间的社会性交互，帮助消费者进行积极的协作，增强网络购物的信任感以及感知价值，减弱感知风险。网站中富含人情味的文本和图片对顾客社会临场感知具有显著积极影响。② 在网络购物环境中，社会临场感是描述人们是如何进行社会性交互的最好的概念之一。因此，社会临场感作为影响网络购物环节的重要因素，需要我们进行深入的研究。基于此，本书以社会临场感为切入点，揭示电商直播服务场景中服务人员的社会线索对直播用户在线行为意向的作用机理，有助于厘清电商直播服务场景社会线索因素刺激下消费者的心理变化及这种心理变化对消费者行为的影响。

　　本章以电商直播为研究背景，以社会临场感理论为切入点，以 S—O—R 理论模型为参照，深入探讨电商直播中服务人员即主播对用户在线行为意向的作用机制，探究用户在电商直播服务场景中服务人员的因素刺激下的心理机制，为商家制定电商直播策略提供参考，提高消费者的转化率。

第一节　研究假设

一、电商直播服务场景社会要素与社会临场感

　　在第二章的扎根研究部分，大部分被访者表示，喜欢看直播的主要原因是，直播比页面展示更加"真实直观"。（A16：不仅能直观地看到产品的细

　　① BIOCCA F A，HARMS C，BURGOON J. Toward a more robust theory and measure of social presence：review and suggested criteria［J］. Presence：teleoperators and virtual environments，2003，12（5）：456 - 480.

　　② OH J，FIORITO S S，CHO H，et al. Effects of design factors on store image and expectation of merchandise quality in web-based stores［J］. Journal of retailing and consumer services，2008，15：237 - 249.

节，还能听到直播人的使用感受，比只看几张 P 得亲妈都不认识的图片更加直观和容易产生购买欲望。A14：有真人试穿要比图片直观，材质和颜色更容易了解到。A32：看得更清楚嘛，颜色应该也是更真实的）电商直播的用户的这种真实直观的感受，被学者们称为"社会临场感"。

社会临场感是传播者与他人互动时的感知，增加临场感将会帮助个人在沟通过程中获得更多信息和体会。社会临场感理论的提出体现了新兴传播媒介的效果，认为传播媒介对社会产生影响，主要根据媒介所提供给用户的社会临场感而定。

在线的购物者无法获得在传统商店购物时的体验，比如感受商店氛围，与售货员接触互动，寻找感官刺激等体验。但是电商直播却弥补了传统电商的这一不足，通过直播将服务人员和用户连接起来，实现"面对面"的即时交流。Ou（2014）等研究发现，在网络购物领域，使用即时消息、积极的反馈能有效提高在线购物者的社会临场感知，帮助商家快速与用户建立关系和信任，进而促进在线购买意向和行为。[1] Hassanein（2009）等研究发现，网络商店在线客服借助即时聊天软件提服务时，使用亲切友善的语言，积极的服务态度，以及对网购消费者问题的积极响应等能有效提高网购消费者社会临场感和感知价值。[2] 而在线客服的语言，态度等恰好属于社会线索中的服务人员要素。Ijsselsteijn（2000）等将临场感分为空间临场感（Physical Presence）和社会临场感（Social Presence），[3] 空间临场感反映用户"身临其境"的感觉，社会临场感反映用户"与他人共在"的感受。赵宏霞等证实了消费者与网站的互动、消费者之间的互动能增加消费者的空间临场感，消费者与在线卖方的互动，消费者之间的互动能增加消费者的社会临场

---

① OU C X, PAVLOU P A, DAVISON R. Swift guanxi in online market places: the role of computer-mediated communication technologies [J]. Social science electronic publishing, 2014, 38 (1): 209 – 230.

② HASSANEIN K, HEAD M M, JU C H. A cross-cultural comparison of the impact of social presence on website trust, usefulness and enjoyment [J]. International journal of electronic business, 2009, 7 (6): 625 – 641.

③ IJSSELSTEIJN W A, RIDDER H D, FREEMAN J, et al. Presence: concept, determinants and measurement [DB/OL]. Proceedings of SPIE: the international society for optical. 2000, 10 (12): 111 – 112.

感,并将社会临场感分为空间临场感和社会临场感。① 本书也将社会临场感分为空间临场感和社会临场感两个维度。基于此,本书提出:

H1:电商直播服务场景中的社会要素对社会临场感有显著正向作用。

H1a:电商直播服务场景中主播的举止体态对空间临场感有显著正向作用。

H1b:电商直播服务场景中主播的语言沟通对空间临场感有显著正向作用。

H1c:电商直播服务场景中主播的服务技能对空间临场感有显著正向作用。

H1d:电商直播服务场景中主播的举止体态对社会临场感有显著正向作用。

H1e:电商直播服务场景中主播的语言沟通对社会临场感有显著正向作用。

H1f:电商直播服务场景中主播的服务技能对社会临场感有显著正向作用。

二、社会临场感与在线行为意向

Pavlou 等(2007)提出,消费者对网络平台的信任度,网络平台信息的丰富度以及消费者对网络购物平台的社会临场感知能有效减少消费者在线购物中的不确定性,降低风险感知。其中,社会临场感能够缩短买卖双方间的社会距离,让买方相信在线交换关系与传统的面对面人际关系相似,从而降低不确定性,增加在线意向及行为。② Hassanein(2007)等研究提出,在购物网站中设置丰富人性化的社会线索有助于改善顾客社会临场感知和消费态度。社会临场感的提升能够积极影响顾客情绪、顾客认知和感知质量。③

---

① 赵宏霞,王新海,周宝刚.B2C 网络购物中在线互动及临场感与消费者信任研究 [J]. 管理评论,2015,27(2):43-54.

② PAVLOU P A,XUE L Y. Understanding and mitigating uncertainty in online exchange relationships:a principal-agent perspective [J]. MIS quarterly,2007,31(1):105-136.

③ HASSANEIN K,MILENA H M. Manipulating perceived social presence through the web interface and its impact on attitude towards online shopping [J]. International journal of human-computer studies,2007,65:689-708.

基于此，本书提出：

H2：电商直播服务场景中用户的社会临场感对在线行为意向有显著正向作用。

H2a：电商直播服务场景中用户的空间临场感对在线行为意向有显著正向作用。

H2b：电商直播服务场景中用户的社会临场感对在线行为意向有显著正向作用。

三、电商直播服务场景与在线行为意向

关于服务场景与消费者行为意向的研究非常丰富。李慢（2011）以场景印象和消费者的自我一致性为中间变量，探讨服务场景中的社会要素对顾客行为意向的作用机制。① 基于此，本书提出：

H3：电商直播服务场景中的社会要素对用户的在线行为意向有显著正向作用。

H3a：电商直播服务场景中服务人员的举止体态对用户的在线行为意向有显著正向作用。

H3b：电商直播服务场景中服务人员的语言沟通对用户的在线行为意向有显著正向作用。

H3c：电商直播服务场景中服务人员的服务技能对用户的在线行为意向有显著正向作用。

四、社会临场感的中介效应

已经有不少研究证实了社会临场感的中介作用。赵宏霞等（2015）证实了社会临场感在网站互动与消费者信任中的中介作用;② 汪旭晖等

---

① 李慢. 服务场景中的社会线索与顾客行为意愿的关系研究 [D]. 沈阳：东北大学，2011：76 – 87.

② 赵宏霞，王新海，周宝刚. B2C 网络购物中在线互动及临场感与消费者信任研究 [J]. 管理评论，2015，27（2）：43 – 54.

（2016）认为社会临场感在品牌拟人化对品牌权益的影响中起中介作用。①
因此，本书提出：

H4：社会临场感会中介电商直播中社会线索对用户在线行为意向的影
响效应。

H4a：社会临场感会中介电商直播中服务人员的举止体态对用户在线行
为意向的影响效应。

H4b：社会临场感会中介电商直播中服务人员的语言沟通对用户在线行
为意向的影响效应。

H4c：社会临场感会中介电商直播中服务人员的服务技能对用户在线行
为意向的影响效应。

五、研究模型

电商直播中服务人员即主播的服务会直接影响用户的体验。本章充分借
鉴了前人的研究成果，在本章理论框架中，将语言沟通、举止体态和服务技
能作为在线行为意向的前因变量，将社会临场感作为中间变量。根据以上假
设，本书提出图4－1的研究模型。

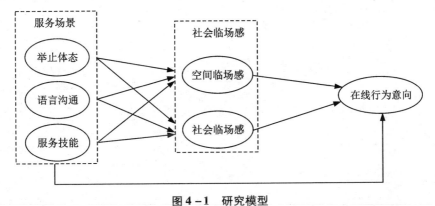

图4－1 研究模型

---

① 汪旭晖，冯文琪.SoLoMo 模式下品牌拟人化对品牌权益的影响研究［J］.商业经济与管
理，2016（10）：6－16.

第二节 研究设计与数据收集

一、变量测量

电商直播服务场景社会线索的测量量表主要参考 Sundaram 等的研究,①包括举止体态,语言沟通和服务技能。社会临场感的量表参考了 Barfield 等②、Hassanein 等③和赵宏霞等④的量表。量表题项均稍作修改以适合本书。

所有的题项是建立在前期一手访谈资料和借鉴其他学者的测量量表的基础上设计完成。在小范围内通过朋友、熟人以及微信群深度访谈用户征求被访者的建议,在量表的语言表述准确性,是否容易理解,是否有歧义等方面进行修改和完善,最终得到表 4 – 1 的测量量表。问卷采用李克特七点量表,1 表示非常不同意,7 表示非常同意。最终得到 6 个潜变量共 22 个题项(见表 4 – 1)。

表 4 – 1   测量量表

潜变量名称及代码	编号	度量题项
举止体态 (JZ)	JZ1	在观看该直播时,我觉得主播和模特都很亲切友善
	JZ2	在观看该直播时,我觉得主播和模特举止和行动大方得体
	JZ3	在观看该直播时,我感觉主播和模特恭敬有礼
	JZ4	在观看直播时,我觉得主播和模特仪表整洁

---

① SUNDARAM D S, WEBSTER C. The role of nonverbal communication in service encounters [J]. Journal of services marketing, 2000, 14 (4): 378.

② BARFIELD W, ZELTZER D, SHERIDAN T, et al. Presence and performance within virtual environments [M]. Oxford, UK: Oxford University Press, 1995: 473 – 513.

③ HASSANEIN K, MILENA H M. Manipulating perceived social presence through the web interface and its impact on attitude towards online shopping [J]. International journal of human-computer studies, 2007, 65 (8): 689 – 708.

④ 赵宏霞, 王新海, 周宝刚. B2C 网络购物中在线互动及临场感与消费者信任研究 [J]. 管理评论, 2015, 27 (2): 43 – 54.

（续表）

潜变量名称及代码	编号	度量题项
语言沟通（LC）	LC1	直播过程中，主播和模特能使用通俗易懂的语言介绍产品
	LC2	直播过程中，主播和模特能让整个直播气氛舒适愉悦
	LC3	直播过程中，主播和模特语言表达清楚准确
服务技能（SS）	SS1	在观看直播时，我觉得主播训练有素，技能熟练
	SS2	在观看直播时，我觉得主播对用户提出的问题能积极响应并准确回答
	SS3	在观看直播时，我觉得主播在这个领域有较为丰富的专业知识
	SS4	在观看直播时，我觉得主播能及时提供用户需要的服务
空间临场感（HP）	HP1	在观看直播时，我感到直播中展示的商品就在我眼前
	HP2	在观看直播时，我感到主播就在我面前给我介绍商品
	HP3	在观看直播时，我感到这种介绍产品的方式真实直观
社会临场感（SP）	SP1	在观看直播时，我感到自己仿佛是在真实的商店购物
	SP2	在观看直播时，我感到就是在跟一个真实的人打交道
	SP3	在观看直播时，我感到我，主播和直播间其他人之间存在一种亲近感
	SP4	在观看直播时，我有一种温馨的感觉
在线行为意向（BI）	BI1	我愿意在该网店浏览更长时间
	BI2	我以后还会来该网店购物
	BI3	与其他网店相比，购买同类时我会首先考虑该网店
	BI4	我会向他人推荐该网店

为避免英文题项在翻译成中文后，因语义的偏差而影响问卷质量，因此研究者对所有的英文题项进行回译，并请英语专业的博士生对问卷进行核对，调整问卷中容易产生歧义、语义模糊、语义艰涩以及不适用于本书的题项。

二、样本数据及描述分析

调查对象为目前电商直播用户，包括在校大学生，通过微信、QQ 等媒介向朋友发送问卷并请他们填写，同时使用问卷星付费问卷收集样本。在调查问卷发放过程中，提醒被访者选择近期看得比较多的一家淘宝店铺的直播作为回答问卷的参照。发放问卷 460 份，共收集有效问卷 380 份，有效回收率达到 80%。有效问卷的人口统计分析如表 4-2 所示，在年龄方面，18 岁以下的占 1.1%，18~25 岁的占 43.4%，26~35 岁的占 42.9%，36~45 岁的占 11.3%，45 岁以上的只占 1.3%，样本基本上分布在 18~45 岁之间。在学历方面，高中及以下 6.8%，本科占 82.9%，研究生占 10.3%。在收入方面，5000 元~10000 元占 49.2%。基本符合中国网络视频用户的人口分布特征。

表 4-2 调查样本的人口统计特征

变量	值	频率	百分比/%	有效百分比/%	累积百分比/%
年龄	18 岁以下	4	1.1	1.1	1.1
	18~25 岁	165	43.4	43.4	44.5
	26~35 岁	163	42.9	42.9	87.4
	36~45 岁	43	11.3	11.3	98.7
	45 岁以上	5	1.3	1.3	100
	总计	380	100	100	
性别	男	72	18.9	18.9	18.9
	女	308	81.1	81.1	100
	总计	380	100	100	
学历	高中及以下	26	6.8	6.8	6.8
	本科	315	82.9	82.9	89.7
	研究生	39	10.3	10.3	100
	总计	380	100	100	
收入	暂时无收入	50	13.2	13.2	13.2
	5000 元以下	110	28.9	28.9	42.1
	5000 元~10000 元	187	49.2	49.2	91.3
	10000 元以上	33	8.7	8.7	100
	总计	380	100	100	

第三节　数据检验

在结构方程模型分析之前，需要首先对数据进行检验，检验通过方可以进行结构方程模型分析。数据检验具体包括信度分析、收敛效度分析、区别效度分析以及皮尔逊相关分析。

一、信度分析

为了确保假设检验的有效性，在进行结构方程模型分析之前，首先对最终的调查数据进行信度和效度检验。在进行信度分析时，统计上，通常使用克隆巴赫系数（Cronbach's Alpha）来表示。克隆巴赫系数是由美国心理学家克隆巴赫于 1951 年提出。通常来讲，信度在 0.7 ~ 0.9 之间是比较理想的，信度在 0.65 ~ 0.7 之间是最小可接受值，低于 0.65，则表示该构面缺乏信度，高于 0.9，代表并不理想。此外，还需要题目之间的相关最好是 0.3 以上，更正后项目与总分相关性要大于 0.45 为可接受，大于 0.5 为理想（Hair, et al. 2010），详见表 3 - 4。

接下来，将对每一个构面进行信度分析。使用 SPSS 22.0 进行可靠性分析，得到表 4 - 3 至表 4 - 8。各个构面的具体结果见下文。

从表 4 - 3 可以看到，举止体态四个题项的克隆巴赫系数为 0.752，说明该构面的信度相当好，四个题目之间的相关在 0.355 ~ 0.491 之间，均大于 0.3，说明题目之间的相关达到要求。校正后项目与总分相关性在 0.513 ~ 0.603 之间，均大于 0.5。总体上，举止体态各项指标均通过信度检验，说明举止体态构面有良好的信度。

表 4 - 3　举止体态的信度检验结果

举止体态	JZ1	JZ2	JZ3	JZ4	校正后项目与总分相关性	Cronbach's Alpha
JZ1	1	0.491	0.355	0.385	0.513	0.752
JZ2	0.491	1	0.455	0.457	0.603	
JZ3	0.355	0.455	1	0.451	0.532	
JZ4	0.385	0.457	0.451	1	0.548	

从表4-4可以看到，语言沟通三个题项的克隆巴赫系数为0.704，说明该构面的信度相当好，三个题目之间的相关在0.413~0.472之间，均大于0.3，说明各个题目之间的相关达到要求。校正后项目与总分相关性在0.498~0.544之间，均大于0.45。总体上，语言沟通各项指标均通过信度检验，说明语言沟通构面有良好的信度。

表4-4 语言沟通假设检验结果

语言沟通	LC1	LC2	LC3	校正后项目与总分相关性	Cronbach's Alpha
LC1	1	0.472	0.442	0.544	0.704
LC2	0.472	1	0.413	0.521	
LC3	0.442	0.413	1	0.498	

从表4-5可以看到，服务技能四个题项的克隆巴赫系数为0.742，说明该构面的信度相当好，四个题目之间的相关在0.31~0.49之间，均大于0.3，说明各个题目之间的相关达到要求。校正后项目与总分相关性在0.5~0.592之间，均大于0.5。总体上，服务技能各项指标均通过信度检验，说明构面有良好的信度。

表4-5 服务技能的信度检验结果

服务技能	SS1	SS2	SS3	SS4	校正后项目与总分相关性	Cronbach's Alpha
SS1	1	0.44	0.49	0.31	0.531	0.742
SS2	0.44	1	0.45	0.389	0.548	
SS3	0.49	0.45	1	0.423	0.592	
SS4	0.31	0.389	0.423	1	0.5	

从表4-6可以看到，空间临场感各个题项的克隆巴赫系数为0.776，说明该构面的信度相当好，三个题目之间的相关在0.498~0.581之间，均大于0.3，说明各个题目之间的相关达到要求。校正后项目与总分相关性在0.577~0.642之间，均大于0.5。总体上，空间临场感各项指标均通过信度检验，说明构面有良好的信度。

表4-6 空间临场感的信度检验结果

空间临场感	HP1	HP2	HP3	校正后项目与总分相关性	Cronbach's Alpha
HP1	1	0.581	0.528	0.642	0.776
HP2	0.581	1	0.498	0.619	
HP3	0.528	0.498	1	0.577	

从表4-7可以看到,社会临场感各个题项的克隆巴赫系数为0.759,说明该构面的信度相当好,四个题目之间的相关在0.397~0.511之间,均大于0.3,说明各个题目之间的相关达到要求。校正后项目与总分相关性在0.519~0.614之间,均大于0.5。总体上,社会临场感各项指标均通过信度检验,说明构面有良好的信度。

表4-7 社会临场感的信度检验结果

社会临场感	SP1	SP2	SP3	SP4	校正后项目与总分相关性	Cronbach's Alpha
SP1	1	0.468	0.45	0.511	0.614	0.759
SP2	0.468	1	0.397	0.417	0.536	
SP3	0.45	0.397	1	0.403	0.519	
SP4	0.511	0.417	0.403	1	0.562	

从表4-8可以看到,在线行为意向各个题项的克隆巴赫系数为0.759,大于0.7,说明该构面的信度相当好,四个题目之间的相关在0.382~0.506之间,均大于0.3,说明各个题目之间的相关达到要求。校正后项目与总分相关性在0.497~0.592之间,除了BI4为0.497,接近0.5,其他三个均大于0.5。总体上,在线行为意向各项指标均通过信度检验,说明构面有良好的信度。

表4-8 在线行为意向的信度检验结果

在线行为意向	BI1	BI2	BI3	BI4	校正后项目与总分相关性	Cronbach's Alpha
BI1	1	0.459	0.482	0.413	0.572	0.759
BI2	0.459	1	0.506	0.382	0.568	
BI3	0.482	0.506	1	0.409	0.592	
BI4	0.413	0.382	0.409	1	0.497	

二、验证性因素及效度分析

接下来，使用 AMOS 结构方程模型对本章的所有构面进行验证性因素分析，以检测构面的变量品质。收敛效度相关要求见第三章，具体标准见表 3-13。模型拟合度指标相关要求见第三章，具体标准见表 3-14。

（一）电商直播服务场景的服务人员线索的验证性因素分析

首先，使用 AMOS 24.0 结构方程模型对举止体态进行验证性因素分析，举止体态共有 4 个题项，导入 AMOS 24.0 后，JZ1 的因素载荷量为 0.621，JZ2 的因素载荷量为 0.74，JZ3 的因素载荷量为 0.628，JZ4 的因素载荷量分别为 0.644。举止体态测量模型各指标见图 4-2 和表 4-9，均达到相关要求。AVE 值为 0.436，高于 0.36，说明举止体态测量模型有较好的收敛效度。模型拟合度指标方面，卡方值 = 5.691，自由度 = 2，卡方/自由度 = 2.846，GFI = 0.992，AGFI = 0.962，RMSEA = 0.07，SRMR = 0.0226，CFI = 0.989，TLI = 0.967，各个指标值均比较理想，模型拟合度达到要求。

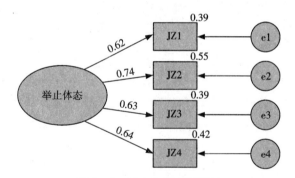

图 4-2 举止体态测量模型

表 4-9 举止体态测量模型及模型拟合指标

举止体态	Estimate	S. E.	C. R.	*P*	SMC	AVE
JZ1	0.621				0.386	0.436
JZ2	0.74	0.135	9.566	***	0.548	
JZ3	0.628	0.132	8.922	***	0.394	
JZ4	0.644	0.123	9.059	***	0.415	
模型拟合度指标：卡方值 = 5.691，自由度 = 2，卡方/自由度 = 2.846，GFI = 0.992，AGFI = 0.962，RMSEA = 0.07，SRMR = 0.0226，CFI = 0.989，TLI = 0.967						

其次，使用 AMOS 24.0 结构方程模型对语言沟通进行验证性因素分析，语言沟通共有 3 个题项，导入 AMOS 24.0 后，LC1 的因素载荷量为 0.711，LC2 的因素载荷量为 0.665，LC3 的因素载荷量为 0.622，语言沟通测量模型各指标见图 4 - 3 和表 4 - 10，均达到相关要求。AVE 值为 0.445，高于 0.36，说明语言沟通的测量模型有较好的收敛效度。因只有三个题项，故无需表述模型拟合度。

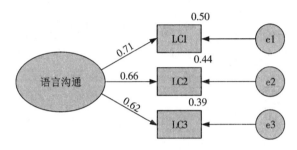

图 4 - 3　语言沟通测量模型

表 4 - 10　语言沟通测量模型

语言沟通	Estimate	S. E.	C. R.	*P*	SMC	AVE
LC1	0.711				0.506	0.445
LC2	0.665	0.16	7.026	***	0.442	
LC3	0.622	0.13	7.116	***	0.387	

最后，使用 AMOS 24.0 结构方程模型对服务场景的第三个维度服务技能进行验证性因素分析，服务技能共有 4 个题项，导入 AMOS 24.0 后，SS1 的因素载荷量为 0.651，SS2 的因素载荷量为 0.651，SS3 的因素载荷量为 0.731，SS4 的因素载荷量为 0.555。四个题项的因素载荷量均高于 0.5，测量模型各指标见图 4 - 4 和表 4 - 11，均达到相关要求。AVE 值为 0.422，高于 0.36，说明修正后的测量模型有较好的收敛效度。模型拟合度指标方面，卡方值 = 5.405，自由度 = 2，卡方/自由度 = 2.703，GFI = 0.993，AGFI = 0.966，RMSEA = 0.067，SRMR = 0.0221，CFI = 0.989，TLI = 0.968。各个指标值均比较理想，模型拟合度达到要求。

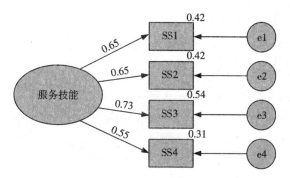

图4-4　服务技能测量模型

表4-11　服务技能测量模型及模型拟合度指标

服务技能	Estimate	S. E.	C. R.	P	SMC	AVE
SS1	0.651				0.424	0.422
SS2	0.651	0.117	9.252	***	0.424	
SS3	0.731	0.129	9.623	***	0.534	
SS4	0.555	0.104	8.31	***	0.308	
模型拟合度指标: 卡方值 = 5.405, 自由度 = 2, 卡方/自由度 = 2.703, GFI = 0.993, AGFI = 0.966, RMSEA = 0.067, SRMR = 0.0221, CFI = 0.989, TLI = 0.968						

（二）社会临场感的验证性因素分析

首先，使用 AMOS 24.0 结构方程模型对空间临场感进行验证性因素分析，空间临场感共有 3 个题项，导入 AMOS 24.0 后，HP1 的因素载荷量为 0.785，HP2 的因素载荷量为 0.741，HP3 的因素载荷量为 0.673。测量模型各指标见图 4-5 和表 4-12，均达到相关要求。AVE 值为 0.539，高于 0.36，说明修正后的测量模型有较好的收敛效度。因只有三个题项，故无需表述模型拟合度。

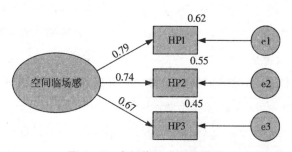

图4-5　空间临场感测量模型

表 4 - 12　空间临场感测量模型

空间临场感	Estimate	S. E.	C. R.	P	SMC	AVE
HP1	0.785				0.616225	0.539
HP2	0.741	0.081	11.768	***	0.549081	
HP3	0.673	0.075	11.485	***	0.452929	

　　接下来，使用 AMOS 24.0 结构方程模型对社会临场感进行验证性因素分析，社会临场感共有 4 个题项，导入 AMOS 24.0 后，SP1 的因素载荷量为 0.749，SP2 的因素载荷量为 0.629，SP3 的因素载荷量为 0.607，SP4 的因素载荷量为 0.673。四个题项的因素载荷量均高于 0.6，测量模型各指标见图 4 - 6 和表 4 - 13，均达到相关要求。AVE 值为 0.445，高于 0.36，说明社会临场感测量模型有较好的收敛效度。模型拟合度指标方面，卡方值 = 0.415，自由度 = 2，卡方/自由度 = 0.207，GFI = 0.999，AGFI = 0.997，RMSEA = 0.000，SRMR = 0.0061，CFI = 1.000，TLI = 1.014，各个指标值均比较理想，模型拟合度达到要求。

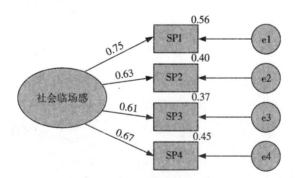

图 4 - 6　社会临场感测量模型

表 4 - 13　社会临场感测量模型及模型拟合度指标

社会临场感	Estimate	S. E.	C. R.	P	SMC	AVE
SP1	0.749				0.561	0.445
SP2	0.629	0.084	9.881	***	0.396	
SP3	0.607	0.077	9.626	***	0.368	
SP4	0.673	0.088	10.306	***	0.453	
模型拟合度指标：卡方值 = 0.415，自由度 = 2，卡方/自由度 = 0.207，GFI = 0.999，AGFI = 0.997，RMSEA = 0.000，SRMR = 0.0061，CFI = 1.000，TLI = 1.014						

（三）在线行为意向的验证性因素分析

使用 AMOS 24.0 结构方程模型对在线行为意向进行验证性因素分析，共有 4 个题项，导入 AMOS 24.0 后，BI1 的因素载荷量为 0.679，BI2 的因素载荷量为 0.684，BI3 的因素载荷量为 0.721，BI4 的因素载荷量为 0.577。测量模型各指标见图 4-7 和表 4-14，均达到相关要求。AVE 值为 0.445，高于 0.36，说明在线行为意向测量模型有较好的收敛效度。模型拟合度指标方面，卡方值 = 1.040，自由度 = 2，卡方/自由度 = 0.520，GFI = 0.999，AGFI = 0.993，RMSEA = 0.000，SRMR = 0.0095，CFI = 1.000，TLI = 1.008，各个指标值均比较理想，模型拟合度达到要求。

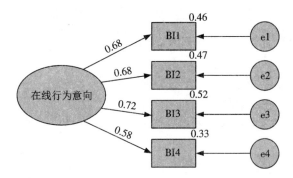

图 4-7 在线行为意向测量模型

表 4-14 在线行为意向测量模型及模型拟合度指标

在线行为意向	Estimate	S. E.	C. R.	P	SMC	AVE
BI1	0.679				0.461	0.445
BI2	0.684	0.095	10.043	***	0.468	
BI3	0.721	0.107	10.261	***	0.520	
BI4	0.577	0.102	8.936	***	0.333	
模型拟合度指标：卡方值 = 1.040，自由度 = 2，卡方/自由度 = 0.520，GFI = 0.999，AGFI = 0.993，RMSEA = 0.000，SRMR = 0.0095，CFI = 1.000，TLI = 1.008						

三、相关分析和区别效度分析

相关（Correlation）是用以检验双变量线性关系的统计技术，以相关系数（Coefficient of Correlation）来表示其相关程度。构面相关系数大于 0.7 容易共线性且区别效度不易通过，小于 0.3 容易产生不显著的问题。构面相关系数理想上应介于 0.3~0.7 且显著。区别效度（Discriminant Validity）是指在测量不同构面时，所观测到的数值之间应该能够加以区分，强调不同构面之间的区分能力。因此构面相关不可以太高。Fornell & Larcker（1981）建议，构面 AVE 之平方根即为区别效度，其值大部分应大于构面与其他构面之相关。如表 4-15 所示，基本符合要求。此外，构面之间的相关大部分最好在 0.3~0.7 之间。从表 4-15 中可以看到，六个构面之间的相关大部分在 0.4~0.7 之间，基本符合要求。

表 4-15　区别效度表

构面	举止体态	空间临场感	在线行为意向	社会临场感	服务技能	语言沟通
举止体态	**0.660**					
空间临场感	0.596	**0.734**				
在线行为意向	0.564	0.590	**0.667**			
社会临场感	0.562	0.730	0.579	**0.667**		
服务技能	0.573	0.621	0.394	0.605	**0.650**	
语言沟通	0.744	0.692	0.505	0.534	0.625	**0.667**

注：对角线上的粗体字为 AVE 的平方根，对角线下方为构面皮尔逊相关。

第四节　结构方程模型检验

一、违反估计检验

使用 AMOS 24.0 软件对模型检验，由表 4-16 可以看出，残差项 Estimate 均为正值且显著，所以均没有违反估计。

表 4-16　违反估计检验

残差项	Estimate	S. E.	C. R.	P	残差项	Estimate	S. E.	C. R.	P
e1	0.577	0.051	11.207	***	e14	0.925	0.079	11.696	***
e2	0.558	0.053	10.594	***	e15	0.662	0.063	10.49	***
e3	0.51	0.048	10.601	***	e16	0.802	0.079	10.125	***

（续表）

残差项	Estimate	S. E.	C. R.	P	残差项	Estimate	S. E.	C. R.	P
e4	0.936	0.089	10.49	***	e17	0.838	0.081	10.334	***
e5	0.948	0.087	10.88	***	e18	0.726	0.071	10.284	***
e6	0.836	0.076	11.05	***	e19	1.037	0.086	12.094	***
e7	1.019	0.085	12.042	***	e20	0.674	0.065	10.368	***
e8	0.887	0.077	11.481	***	e21	0.603	0.056	10.724	***
e9	1.04	0.09	11.489	***	e22	0.763	0.067	11.355	***
e10	0.84	0.084	10.026	***	e23	0.381	0.067	5.722	***
e11	0.98	0.089	10.997	***	e24	0.302	0.055	5.46	***
e12	0.589	0.056	10.45	***	e25	0.305	0.051	6.009	***
e13	0.686	0.066	10.317	***					

注：*** 表示 $P < 0.001$。

二、结构方程模型检验

（一）结构方程模型的初始检验

表 4 - 17 的拟合度表明，初始的模型拟合效果良好，卡方与自由度之比是 2.41，GFI 和 AGFI 的值分别为 0.896 和 0.865，RMSEA 为 0.061，SRMR 为 0.0562，CFI 和 TLI 为 0.901 和 0.883，各项指标均满足了模型拟合效果的推荐标准。

表 4 - 17　初始模型拟合度

Index	Criteria	Model fit	Result
Chi-square	越小越好	470.027	
自由度	越大越好	195	
卡方/自由度	<3	2.41	符合标准
GFI	>0.9	0.896	可接受
AGFI	>0.9	0.865	可接受
RMSEA	<0.08	0.061	符合标准
SRMR	<0.08	0.0562	符合标准
CFI	>0.9	0.901	符合标准
TLI（NNFI）	>0.9	0.883	可接受

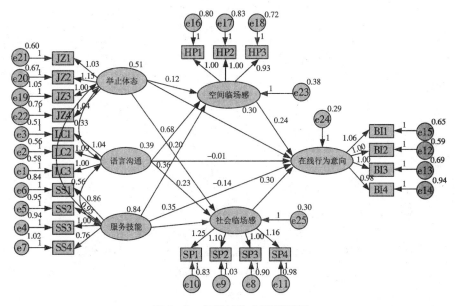

图 4 - 8　初始结构方程模型图

假设检验的结果如表 4 - 18 所示。从标准化系数来看，服务场景社会线索中语言沟通每增加一个标准差，空间临场感会增加 0.437 个标准差，服务技能每增加一个标准差，空间临场感增加 0.342 个标准差，社会临场感增加 0.42 个标准差。空间临场感增加一个标准差，在线行为意向增加 0.323 个标准差，社会临场感增加一个标准差，在线行为意向增加 0.319 个标准差。举止体态每增加一个标准差，在线行为意向增加 0.298 个标准差。可以看出，语言沟通对空间临场感的影响最大。

在结构方程模型中，R2 如果小于 0.33 说明自变量对因变量解释力较小，自变量选择不理想，R2 在 0.33 ~ 0.67 之间说明自变量对因变量解释能力为中等，R2 大于 0.67 说明自变量对因变量解释能力较好，自变量选择较好。空间临场感的 R2 为 0.596，社会临场感的 R2 为 0.491。在线行为意向的 R2 为 0.449。R2 在 0.33 ~ 0.67 之间，说明自变量对因变量解释能力较好，自变量的选择是比较理想的。

表 4 - 18　初始结构模型检验结果

假设	路径	Unstd.	S. E.	C. R.	P	Std.	结论	R2
H1b	空间临场感 <--语言沟通	0.682	0.196	3.474	***	0.437	成立	.596
H1c	空间临场感 <--服务技能	0.365	0.09	4.059	***	0.342	成立	
H1a	空间临场感 <--举止体态	0.124	0.147	0.839	0.402	0.091	不成立	
H1d	社会临场感 <--举止体态	0.205	0.121	1.695	0.09	0.19	不成立	.491
H1e	社会临场感 <--语言沟通	0.231	0.152	1.519	0.129	0.188	不成立	
H1f	社会临场感 <--服务技能	0.353	0.078	4.53	***	0.42	成立	
H2a	在线行为意向 <--空间临场感	0.239	0.086	2.791	0.005	0.323	成立	.449
H2b	在线行为意向 <--社会临场感	0.3	0.092	3.258	0.001	0.319	成立	
H3a	在线行为意向 <--举止体态	0.301	0.121	2.496	0.013	0.298	成立	
H3b	在线行为意向 <--语言沟通	-0.009	0.168	-0.054	0.957	-0.008	不成立	
H3c	在线行为意向 <--服务技能	-0.135	0.087	-1.552	0.121	-0.171	不成立	

注： *** 表示 P < 0.001。

（二）修正后的结构方程模型检验

由表 4 - 18 可知，H1a、H1d、H3b、H3c 不成立，在修正模型部分，删去 H1a、H1d 两条路径后，重新运行，得到图 4 - 9、表 4 - 19 和表 4 - 20。

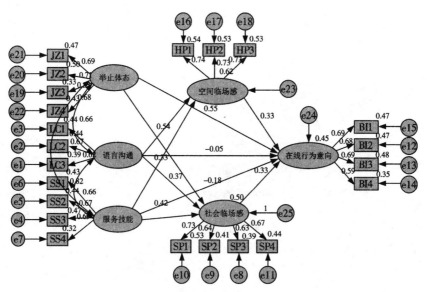

图 4 - 9　修正后的结构方程模型图 （1）

表 4 - 19 第一次修正后的模型拟合度

Index	Criteria	Model fit	Result
Chi-square	越小越好	471. 806	
自由度	越大越好	197	
卡方/自由度	<3	2. 395	符合标准
GFI	>0. 9	0. 896	可接受
AGFI	>0. 9	0. 866	可接受
RMSEA	<0. 08	0. 0601	符合标准
SRMR	<0. 08	0. 055	符合标准
CFI	>0. 9	0. 901	符合标准
TLI (NNFI)	>0. 9	0. 884	可接受

表 4 - 20 第一次修正后的模型检验结果

假设	路径	Estimate	S. E.	C. R.	P	Estimate	结论	R2
H1b	空间临场感 <--语言沟通	0. 857	0. 149	5. 767	***	0. 54	成立	0.616
H1c	空间临场感 <--服务技能	0. 347	0. 091	3. 809	***	0. 326	成立	
H1e	社会临场感 <--语言沟通	0. 458	0. 115	3. 985	***	0. 367	成立	0.498
H1f	社会临场感 <--服务技能	0. 348	0. 078	4. 444	***	0. 416	成立	
H2a	在线行为意向 <--空间临场感	0. 247	0. 091	2. 727	0. 006	0. 334	成立	0.45
H2b	在线行为意向 <--社会临场感	0. 315	0. 095	3. 318	***	0. 335	成立	
H3a	在线行为意向 <--举止体态	0. 334	0. 127	2. 624	0. 009	0. 332	成立	
H3b	在线行为意向 <--语言沟通	- 0. 062	0. 202	- 0. 306	0. 76	- 0. 052	不成立	
H3c	在线行为意向 <--服务技能	- 0. 143	0. 088	- 1. 635	0. 102	- 0. 181	不成立	

由表 4 - 20 知，H3b、H3c 不成立，删去 H3b、H3c 两条路径后，重新运行，得到图 4 - 10，表 4 - 21 和表 4 - 22。

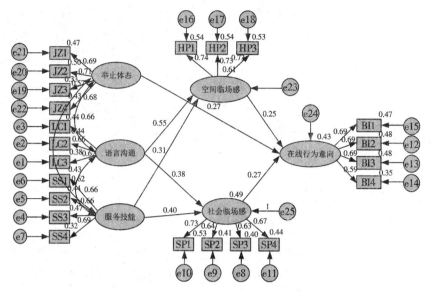

图 4 – 10　再次修正后的结构方程模型图（2）

表 4 – 21　第二次修正后的模型拟合度

Index	Criteria	Model fit	Result
Chi-square	越小越好	474.957	
自由度	越大越好	199	
卡方/自由度	<3	2.387	符合标准
GFI	>0.9	0.895	可接受
AGFI	>0.9	0.866	可接受
RMSEA	<0.08	0.060	符合标准
SRMR	<0.08	0.0558	符合标准
CFI	>0.9	0.901	符合标准
TLI（NNFI）	>0.9	0.885	可接受

　　由表 4 – 17 初始模型拟合度和表 4 – 19、4 – 21 两次修正后模型拟合度
比较可知，第二次修正后的模型拟合度各个指标均得到不同程度的提高，优
于初始模型拟合度，因此可以判定，第二次修正后的模型相较初始模型
更好。

表 4 - 22　第二次修正后模型的检验结果

假设	路径	Estimate	S. E.	C. R.	*P*	Estimate	结论	R2
H1b	空间临场感 < --语言沟通	0.883	0.151	5.864	***	0.552	成立	0.613
H1c	空间临场感 < --服务技能	0.33	0.091	3.623	***	0.309	成立	
H1e	社会临场感 < --语言沟通	0.481	0.116	4.137	***	0.383	成立	0.493
H1f	社会临场感 < --服务技能	0.333	0.078	4.274	***	0.397	成立	
H2a	在线行为意向 < --空间临场感	0.183	0.065	2.806	0.005	0.245	成立	0.426
H2b	在线行为意向 < --社会临场感	0.252	0.077	3.268	0.001	0.265	成立	
H3a	在线行为意向 < --举止体态	0.272	0.09	3.034	0.002	0.268	成立	

注：*** 表示 $P < 0.001$。

修正后假设检验的结果如表 4 - 22 所示。从表 4 - 22 可以看出，7 条路径均显著。从标准化系数来看，服务场景社会线索中语言沟通每增加一个标准差，空间临场感会增加 0.552 个标准差，社会临场感增加 0.383 个标准差。服务技能每增加一个标准差，空间临场感增加 0.309 个标准差，社会临场感增加 0.397 个标准差。空间临场感增加一个标准差，在线行为意向增加 0.245 个标准差，社会临场感增加一个标准差，在线行为意向增加 0.265 个标准差。举止体态每增加一个标准差，在线行为意向增加 0.267 个标准差。可以看出，语言沟通对空间临场感的路径系数达到 0.552（$P < 0.001$），说明语言沟通对空间临场感的影响路径十分显著。

在结构方程模型中，R2 如果小于 0.33 说明自变量对因变量解释力较小，自变量选择不理想，R2 在 0.33 ~ 0.67 之间说明自变量对因变量解释能力为中等，R2 大于 0.67 说明自变量对因变量解释能力较好，自变量选择较好。空间临场感的 R2 为 0.613，社会临场感的 R2 为 0.493。在线行为意向的 R2 为 0.426。R2 在 0.33 ~ 0.67 之间，说明自变量对因变量解释能力较好，自变量的选择是比较理想的。

三、社会临场感的中介效应检验

为了检验社会临场感是否在理论模型中起中介作用，本章使用 AMOS

24.0 进行中介分析显著性检验。借鉴温忠麟、叶宝娟①（2014）的中介效应分析方法，本章使用 Bootstrap 的方法进行中介效应的检验，具体来讲，将 Bootstrap 设定为运行 1000 次，百分位置信区间设定为 95%，偏差矫正置信区间设定为 95%，最后得到表 4 – 23 的结果。

表 4 – 23　中介效应检验

指标	Point Estimate	product of coefficient	Bootstrap 1000 times 95% CI					中介效应
			Bias corrected			Percentile		
			SE Z-value	Lower	Upper	Lower	Upper	
SP1IE	0.103	0.07	1.471	−0.015	0.276	−0.022	0.267	不显著
SP2IE	0.154	0.078	1.974	0.034	0.364	0.018	0.312	显著/完全中介
SP3IE	0.13	0.043	3.023	0.067	0.235	0.063	0.227	显著/完全中介
TIE	0.284	0.087	3.264	0.142	0.481	0.127	0.452	显著
IEDIFF	−0.024	0.092	−0.261	−0.228	0.146	−0.206	0.155	不显著

注：Z-value = Point Estimate/SE

表 4 – 23 中，第一行 SP1IE 代表社会临场感在举止体态与在线行为意向路径的中介效果。Z-value = 1.471，小于 1.96 代表不显著，且 Bias corrected 和 Percentile 的 Lower 和 Upper 都包含 0，因此代表社会临场感对服务场景中举止体态到在线行为意向的中介效果不成立。这与结构方程模型的结果一致，因为举止体态到社会临场感两个维度的路径均不成立。

第二行是 SP2IE 代表社会临场感在语言沟通与在线行为意向路径中的中介效果。Z-value = 1.974，大于 1.96 代表显著，Bias corrected 和 Percentile 的 Lower 和 Upper 都没有包含 0，因此代表社会临场感在语言沟通与在线行为意向路径中的中介效果成立，由于在线直播服务场景中语言沟通对在线行为意向的直接效果不成立，所以为完全中介效果。

第三行 SP3IE 代表社会临场感在服务技能与在线行为意向路径中的中介效果。Z-value = 3.023，大于 1.96 代表显著，Bias corrected 和 Percentile 的

---

① 温忠麟，叶宝娟. 中介效应分析：方法和模型发展 [J]. 心理科学进展，2014，22（5）：731 – 745.

Lower 和 Upper 都没有包含 0，因此代表社会临场感在服务技能与在线行为意向路径中的中介效果成立，由于在线直播服务场景中服务技能对在线行为意向的直接效果不成立，所以为完全中介效果。

第四行 TIE 是总间接效果，Z-value = 3.246，大于 1.96 代表显著，Bias corrected 和 Percentile 的 Lower 和 Upper 都没有包含 0，因此代表总直接效果成立。

第五行 IEDIFF 代表间接效果的差异 Z-value = −0.261，小于 1.96 的绝对值代表不显著，Bias corrected 和 Percentile 的 Lower 和 Upper 都包含 0，因此代表间接效果没有差异。

综上，本章共 4 个总假设，14 个分假设。其中有 9 个得到验证，有 5 个未得到验证，结果见表 4 −24 所示：

表 4 −24　假设检验结果

假设	具体内容	结果
H1	电商直播服务场景中的社会要素对社会临场感有显著正向作用。	
H1a	电商直播服务场景中主播的举止体态对空间临场感有显著正向作用。	不成立
H1b	电商直播服务场景中主播的语言沟通对空间临场感有显著正向作用。	成立
H1c	电商直播服务场景中主播的服务技能对空间临场感有显著正向作用。	成立
H1d	电商直播服务场景中主播的举止体态对社会临场感有显著正向作用。	不成立
H1e	电商直播服务场景中主播的语言沟通对社会临场感有显著正向作用。	成立
H1f	电商直播服务场景中主播的服务技能对社会临场感有显著正向作用。	成立
H2	电商直播服务场景中用户的社会临场感对在线行为意向有显著正向作用。	
H2a	电商直播服务场景中用户的空间临场感对在线行为意向有显著正向作用。	成立
H2b	电商直播服务场景中用户的社会临场感对在线行为意向有显著正向作用。	成立
H3	电商直播服务场景中的社会要素对用户的在线行为意向有显著正向作用。	
H3a	电商直播服务场景中服务人员的举止体态对用户的在线行为意向有显著正向作用。	成立
H3b	电商直播服务场景中服务人员的语言沟通对用户的在线行为意向有显著正向作用。	不成立
H3c	电商直播服务场景中服务人员的服务技能对用户的在线行为意向有显著正向作用。	不成立

（续表）

假设	具体内容	结果
H4	社会临场感会中介电商直播中社会线索对用户在线行为意向的影响效应。	
H4a	社会临场感会中介电商直播中服务人员的举止体态对用户在线行为意向的影响效应。	不成立
H4b	社会临场感会中介电商直播中服务人员的语言沟通对用户在线行为意向的影响效应。	成立
H4c	社会临场感会中介电商直播中服务人员的服务技能在线行为意向的影响效应。	成立

第五节　本章初步结论及小结

一、本章初步结论

本章在服务场景、社会临场感和在线行为意向等理论基础上，构建了服务场景、社会临场感和在线行为意向的影响关系模型，并通过实证研究检验了模型的影响关系，研究结论分析如下：

第一，购物网站的服务场景社会线索可以分为语言沟通、举止体态和服务技能等三个维度，社会临场感由空间临场感和社会临场感两个维度构成，服务场景社会线索中的语言沟通和服务技能对空间临场感和社会临场感有直接显著的影响，服务场景社会线索中的举止体态对社会临场感和空间临场感的直接作用不显著，对在线行为意向的直接作用显著。

第二，本章首次将社会临场感引入网络服务场景。验证了电商直播服务场景社会线索对社会临场感的直接作用。在本章中，电商直播服务场景的社会线索的举止体态和语言沟通对社会临场感的两个维度空间临场感和社会临场感均有直接作用。本章也验证了社会临场感对在线行为意向的作用。电商直播作为一种在线服务场景，可以在线通过直播，实时向用户展示和讲解产品，是对传统线下"面对面"服务场景的最好的还原，用户不仅能看到试穿、使用效果，还可以通过提问得到传统的在线页面展示不能提供的信息。这种"面对面"的沟通，丰富了信息内容，还可以提供即时"一对一"的服务，大大提升了用户的临场体验。本研究拓展了在线购物领域的相关研究，以及电商直播服务场景中社会线索与消费者行为意向关系的研究。

第三，证实了社会临场感在电商直播服务场景中社会线索的语言沟通和服务技能对在线行为意向路径中的中介作用。社会临场感在语言沟通与在线行为意向路径中起完全中介效果，在服务技能与在线行为意向路径中起完全中介效果。社会临场感在举止体态与在线行为意向路径中的中介效果没有得到验证。

二、本章小结

本章在服务场景的社会线索理论的关照下研究直播中主播因素对消费者的影响，并将主播的作用因素分为三个维度：语言沟通、举止体态和服务技能。本书尝试从服务场景的角度展开研究，这一结果丰富了近年来有关网络直播以及对网络服务场景的研究。

本章在电商直播背景下研究了服务场景社会线索、社会临场感和在线行为意向的影响关系，但是研究情境仅限于目前刚刚兴起的淘宝、抖音和微博等的电商直播，研究的结论是否适合于其他电商平台，还有待商榷。在用户社会临场感和在线行为意向的影响因素方面，本研究仅考虑了服务场景社会线索的影响，尚未考虑电商直播物理线索以及顾客心理动机等因素的影响，在未来的研究中需要进一步完善。

结 语

　　新的媒体技术不断催生新的营销传播方式，电商直播便是移动化、场景化等技术背景下产生的全新营销方式。本书通过梳理服务场景及网络服务场景的相关文献，发现电商直播作为一个新兴且十分重要的在线移动服务场景，尚未引起学术界的重视。本书首先使用扎根理论，通过访谈获取电商直播用户使用心理和行为的一手资料，并探索性地构建了电商直播服务场景对消费者影响机制的研究。接着，在扎根研究的基础上，构建相关理论假设模型，通过问卷调查展开实证研究，分别揭示电商直播服务场景对消费者社会临场感及在线行为意向的作用机制和电商直播对消费者认同感、商业友谊和场景依恋的作用机制。此处对本书进行系统的总结，并提出研究的管理启示，局限性和未来的研究方向。

一、研究结论

　　本书首先通过扎根研究和实证研究，探讨了电商直播服务场景对消费者在线行为意向和场景依恋的作用机制，得出以下结论：

（一）电商直播服务场景要素对消费者的两条路径

　　首先，本书通过访谈获得一手资料，并进行扎根研究，通过开放式编码、主轴编码和选择性编码，将电商直播社会场景的要素分为功能性要素和社会性要素，并探讨了这两种要素对消费者的作用机理。电商直播服务场景通过两种路径作用于消费者：一是 S—O—R（刺激—机体—响应）路径，即电商直播服务场景—认同感和商业友谊—场景依恋,将电商服务场景的要素作为刺激,探讨了认同感和商业友谊对用户场景依恋的作用;二是知觉和印象—认知和评价—意愿和行为路径,即电商直播服务场景—临场感—在线行为意向。将临场感作为中间变量探讨服务场景中功能要素和社会要素对用户在线行为意向的影响机理。

(二) 社会临场感作为中介变量,是在线行为意向的重要驱动因素

本书构建服务场景社会线索、社会临场感和在线行为意向的影响关系模型,并通过实证研究检验了模型的影响关系,通过实证研究发现,服务场景的社会线索中的语言沟通和服务技能对空间临场感和社会临场感有直接显著的影响,服务场景社会线索中的举止体态对社会临场感和空间临场感的直接作用不显著,对在线行为意向的直接作用显著。电商直播服务场景的社会线索对社会临场感的两个维度空间临场感和社会临场感有直接作用,也验证了社会临场感对在线行为意向的作用。电商直播作为一种在线服务场景,可以在线通过直播,实时向用户展示和讲解产品,是对传统线下"面对面"服务场景的最好的还原,用户不仅能看到试穿、使用效果,还可以通过提问得到即时解答。这些都是传统的电商平台在线页面展示所不能提供的信息。这种"面对面"的沟通,丰富了信息内容,还可以提供即时"一对一"的服务,大大提升了用户的临场体验。本研究拓展了在线购物领域的相关研究,以及电商直播服务场景中社会线索与消费者行为意向关系的研究。此外,本书证实了社会临场感在电商直播服务场景中社会线索的语言沟通和服务技能对在线行为意向路径中的中介作用。社会临场感在语言沟通与在线行为意向路径中起完全中介效果,在服务技能与在线行为意向路径中起完全中介效果。社会临场感在举止体态与在线行为意向路径中的中介效果没有得到验证。

(三) 商业友谊、认同感是建构场景依恋和用户忠诚的重要因素

本书在服务场景社会线索、认同感、商业友谊和场景依恋等理论基础上,构建了服务场景社会线索、商业友谊、认同感和场景依恋的影响关系模型,并通过实证研究对模型进行了检验。研究发现:首先,服务场景的社会线索中的举止体态和服务技能对认同感、商业友谊、场景依恋有直接显著的影响，服务场景社会线索中的语言沟通对认同感和商业友谊的直接作用不显著。其次，本书验证了电商直播服务场景社会线索中的和服务技能对认同感和商业友谊的直接作用，也验证了认同感和商业友谊对场景依恋的作用。电商直播作为一种在线服务场景，用户通过收看，不仅获得与购买决策相关的信息，还可能与主播产生认同感和情谊。本书拓展了在线购物领域的相关研究，以及电商直播服务场景中社会线索与场景依恋的研究。此外，本书还证实了认同感对电商直播服务场景社会线索中的服务技能对场景依恋的中介作用，认同感对场景认同和场景依赖是完全中介效应。同时还验证了商业友谊对电商直播服务场景社会线索中的举止体态和服务技能到场景依恋的中介作用，商业友谊对场景认同和场景依赖起完全中介作用。

二、管理启示

通过扎根研究和量化研究，本书相关研究结论丰富了电商直播服务场景的管理理念和理论资源，为相关管理者开展电商直播提供了理论依据和实践指导，强调其充分利用新型的互联网平台和场景技术，通过电商直播来吸引流量、搭建关系，提供更加实用、真实直观的店铺产品介绍，提升店铺和消费者的关系品质，增加用户的信任和对店铺的依恋，最终促进在线消费者的在线行为和意向。

（一）电商直播服务场景的功能要素和社会要素同时作用于消费者

本书为发展电商直播平台的企业提供了参考。在电商直播服务场景的功能要素和社会要素这两大要素中，有的功能要素是电商直播这种平台自身具有的优势，如便捷高效，真实直观等。其他的如信息丰富，接近性等，每个直播间所能提供的却是有差别的。因此，想要利用好电商直播这一平台，便要着重为用户提供用户所需要的、高质量的信息，这是留住用户、提升用户黏性和忠诚的关键所在。

此外，直播间的社会要素是否丰富，是否能满足用户的情感需求，为用户带来愉悦、放松等积极情感非常重要。有很多用户很重视直播间的氛围，不喜欢干巴巴地介绍。本书中，不少用户提到社会要素的重要性。这些社会要素可以构建出人际的亲密感、喜爱和认同。尤其是没有购买任务的用户，他们在意的是："就算不买，看一看也高兴嘛"。（A28）像珠宝这样的产品，一般的消费者不可能高频率地购买。她们看重的是直播间的友好的氛围、积极互动带来的亲密感、产生人际愉悦体验等，这有助于主播和用户之间形成更有广度和深度的联结，使用户对直播间产生依赖，并对店铺保持长期的忠诚。

（二）社会临场感是社会场景时代重要的营销要素

电商直播是电商在线服务的一次具有变革意义的升级，代表着未来的趋势：从过去搭建人与物（商品）的连接到人与人之间的连接。而人与人之间连接的本质，是电商在网络上从传递商品信息为主逐渐转向以社交和关系为主，传递信息为辅的方式。直播是搭建人与人之间的联系，进行社交的最有效的方式。这种人与人的联系，可以提升用户的社会临场感。社会临场感，顾名思义是对他人存在的感知，Short 将临场感定义为：在利用媒体进行沟通过程中，一个人被视为"真实的人"的程度及与他人联系的感知程度。从这个定义来看，直播就是人与人的"面对面"的沟通，本身就意味着高的临场感。相比传统的通过图片、文字介绍、在线服务来展示产品，电商直播是提升用户临场感最有效的方式，也是通过网络搭建在线服务场景最好的方式，是对线下服务场景最好的还原。正如淘宝直播提出的"云逛街"的概念，电商直播就是给消费者提供一种足不出户却可以通过网络逛街，与各个卖家"面对面"沟通的体验。

（三）以商业友谊和认同感为桥梁的关系营销

在场景时代，营销的技巧之一便是恢复人与人之间的连接。这种人与人之间的连接，不仅是物理上的连接实现，而且是对真实社交情境下人与人关系的重建。在现实生活中，良好的人际关系可以描述为友善、信任、喜爱、友谊等。通过场景不仅搭建了人和人的物理连接，也是在搭建人与人之间的情感连接，重构线上的人际关系。在此，我们引入关系营销的视角来阐述。

Gronroos（1995）围绕关系营销导向构建了营销战略连续统，要求在该连续统中通过树立互动营销意识，提供高水平的技术质量（Technical Quality）和功能质量（Functional Quality）等多维度质量，建立顾客信息系统以获取和利用来自顾客的信息，强调营销活动和人力资源之间的相互依赖，开展内部营销活动，来形成关系营销导向的整体战略并取得竞争优势。① 李颖灏（2008）提出，营销导向重视通过沟通、信任、承诺和价值观共享等手段建立营销活动各参与方的合作。② 因此，关系营销的策略和方法能够通过对用户和服务人员之间关系的重构，对消费者对店铺偏好和购买意向产生积极影响。大量的实证研究证实，关系营销导向是企业获取可持续竞争优势的重要方式，并能明显提高企业多方面的绩效水平。Sin 等在 2002 年和 2006 年分别对香港的服务导向型行业和旅馆业的关系营销导向进行了测量，发现在这两个行业中，关系营销导向与企业的销售额增长、顾客维持、市场份额和投资回报率以及企业整体绩效都显著正相关。③

　　场景革命带来营销传播的变革，在新型的移动互联网技术背景下诞生的电商直播为电商企业开展关系营销提供了很好的技术保证。未来电商的竞争，也在于是否能充分利用线上平台展开关系营销，增加店铺的粉丝和流量，以获取竞争优势。因此，电商企业可以充分利用这一平台，通过专业知识丰富，有很好的销售和服务技能，友善亲切的服务人员，来实现购买促进。首先，在微博、抖音等当下最火的社交平台和短视频平台开通电商直播，成为电商企业很好的流量入口，可以有效增加电商企业的流量。其次，由于用户是在放松休闲的时候收看直播，而不是真实物理购物环境下，因此，用户处于低戒备状态，更容易被说服。最后，在访谈中，很多用户将看

---

　　① GRONROOS C. Relationship marketing: the strategy continuum [J]. Journal of the academy of marketing science, 1995, 23 (4): 252 – 255.

　　② 李颖灏. 国外关系营销导向研究前沿探析 [J]. 外国经济与管理. 2008, 30 (12): 39 – 44.

　　③ SIN L Y M, TSE A C B, AU O H M. Market orientation, relationship marketing orientation, and business performance: the moderating effects of economic ideology and industry type [J]. Journal of international marketing, 2005a, 13 (1): 36 – 57; SIN L Y M, TSE A C B, YAU O H M, et al. Relationship marketing orientation: scale development and cross-cultural validation [J]. Journal of business research, 2005b, 58 (2): 185 – 194.

电商直播当作一种填充零碎时间和消遣解闷的途径，也就是说，用户或消费者需要陪伴。此时通过电商直播开展关系营销，满足消费者的心理需求，可以培养消费者的忠诚。

三、研究局限性和未来研究展望

（一）研究局限性

本书是对电商直播的一项探索性研究，虽取得一定的研究成果，但是难免也有一些不足，期待未来的研究能够补充和改进。

第一，对电商直播的扎根研究虽然构建了电商直播对消费者场景依恋及在线行为意向的作用机理，但是，本书的扎根研究是基于深度访谈开展的，样本量小，代表性有限，研究结果也仅能够对本书负责。

第二，本书对电商直播的研究有限，主要从电商直播的社会线索入手，尚未考虑物理线索以及顾客心理动机等因素的影响，在未来的研究中需要进一步完善这些方面的研究。

第三，影响电商直播服务场景的因素众多，但由于时间、精力和资金的限制，本书只选取了有限的影响因素展开研究。本书的两项量化研究，分别探讨了电商直播服务场景的社会线索对社会临场感及在线行为意向的研究，以及电商直播服务场景对商业友谊、认同感和场景依恋的研究。还有很多影响因素值得研究，如电商直播对用户情绪路径的影响等，值得未来持续深入地展开研究。

第四，在研究对象的选择上，研究对象以年轻女性为主，这是由当前电商直播的受众群体决定的。无论是服饰美妆，还是珠宝童装等，这些产品的消费者以女性为主，所以本书主要考察了电商直播对女性消费者心理及行为机制。在未来，随着电商直播的影响力的不断扩大，势必需要将电商直播男性用户纳入研究范畴，这是本书目前的局限之一。

第五，本书第三章中，涉入度的调节效应的 4 个研究假设，只有 1 个成立，其他 3 个不成立。这对本书来讲并不理想。由于调节效应需要样本足够分散才容易成功，所以希望在未来能有其他研究能证实涉入度调节效应。此外，还可以探讨其他的调节效应。

（二）未来研究展望

虽然本书对电商直播服务场景中社会线索对消费者影响机制展开研究，但是该课题仍然有广泛的研究空间值得深入和展开。总的来说，有三个方面的研究在理论和实际层面可以进一步研究和讨论。

第一，电商直播对用户的影响是综合的，除了主播的社会线索，还包括物理线索，包括直播间的人流量、环境、氛围、光线及主播和用户的互动质量等，值得更加详细、深入研究。在未来的研究中，可以考量这些因素对消费者的影响机制。

第二，从多个产品类别着手探讨电商直播服务场景对消费者的作用机制的影响是否存在差异？不同类别的产品的电商直播是否有区别？值得进一步研究。例如，服装和美妆产品特别需要身材和颜值俱佳的服务人员，珠宝由于售价高，或许消费者是否能够信任服务人员是很重要的因素。而电子商品较为专业，服务人员是否专业，且又能介绍得通俗易懂就很重要。因此未来的研究可以从不同的产品类别展开研究。

第三，从不同平台开展电商直播的效果差异展开研究。目前，电商直播的主要平台是微博、抖音和淘宝等。很多店铺会在这三个平台对产品进行直播。这三个平台的性质有较大差别，微博是社交平台，抖音是短视频平台，淘宝是电商平台。这三个平台的用户使用不同社交平台的情景和心态都有所区别。例如，用户怀着获取新鲜事的心态使用微博，怀着娱乐的心态使用抖音，带着购物目标逛淘宝。前两个平台的用户是在没有购买任务的状态下使用，而淘宝平台的用户往往带着购物任务使用。不同平台对消费者的影响是否存在差异？这方面值得进一步研究展开。

参考文献

一、著作类

（一）中文类

[1] 韩小芸．服务性企业顾客满意感与忠诚感关系［M］．北京：清华大学出版社，2003.

[2] 李友梅．认同感：一种结构视野的分析［M］．上海：世纪出版集团，2007.

[3] 罗伯特·斯考伯，谢尔·伊斯雷尔．即将到来的场景时代［M］．赵乾坤，周宝曜，译．北京：北京联合出版公司，2014.

[4] 迈克尔·豪格，多米尼克·阿布拉姆斯．社会认同过程［M］．高明华，译．北京：中国人民大学出版社，2011.

[5] 莎拉·戴维斯．科学传播：文化、身份认同与公民权利［M］．朱巧燕，译．北京：科学出版社，2018.

[6] 欧文·戈夫曼，周怡．日常生活中的自我呈现［M］．北京：北京大学出版社，2008.

[7] 郭国庆．体验营销新论［M］．北京：中国工商出版社，2008.

[8] 朱丽叶·科宾，安塞尔姆·施特劳斯．质性研究的基础：形成扎根理论的程序与方法［M］．朱光明，译．重庆：重庆大学出版社，2015.

[9] 李朝辉．顾客参与虚拟品牌社区价值共创研究［M］．北京：中国社会科学出版社．2014.

［10］风笑天．社会研究方法［M］．北京：中国人民大学出版社，2013．

（二）英文类

［1］ BARFIELD W, ZELTZER D, SHERIDAN T, et al. Presence and performance within virtual environments ［M］. Oxford, UK：Oxford University Press, 1995.

［2］ GLASER B G, STRAUSS A. The discovery of grounded theory：strategies for qualitative research ［M］. Chicago：Aldine, 1967.

［3］ SHORT J, WILLIAMS E, CHRISTIE B. The social psychology of telecommunications ［M］. London：John Wiley & Son, Ltd, 1976.

［4］ STRAUSS A L, CORBIN J M. Grounded theory in practice ［M］. Thousand Oaks, CA：Sage, 1997.

二、论文类

（一）中文类

［1］陈浩，肖玲．场所依恋量表在城市公园中的测量及其应用［J］．华南师范大学学报（自然科学版），2015，47（5）．

［2］程明，战令琦．论智媒时代场景对数字生存和艺术感知的影响［J］．现代传播，2018，40（5）．

［3］范兴华．社会支持行为问卷中文版信效度分析及初步应用［J］．湘潭大学学报（哲学社会科学版），2004（3）．

［4］黄敏学，王薇．移动购物更快吗？决策场景与思维模式的相容性［J］．心理学报，2019，51（3）．

［5］黄向，保继刚．场所依赖（Place Attachment）：一种游憩行为现象的研究框架［J］．旅游学刊，2006（9）．

［6］黄奇栋．基于 TAM 的社会临场知觉对网络消费行为的影响研究［D］．杭州：浙江大学，2010．

［7］戴鑫，卢虹．社会临场感在多领域的发展及营销研究借鉴［J］．管理世界，2015，12（8）．

［8］ 顾巧玲 . B2C 环境下网站临场感与消费信任及购买意愿的关系［D］.
苏州：苏州大学，2014.

［9］ 洪雪娇 . 社交媒体中社会临场感与用户生成内容行为的关系研究［D］.
泉州：华侨大学，2017.

［10］ 金立印 . 服务接触中的员工沟通行为与顾客响应：情绪感染视角下的
实证研究［J］. 经济管理，2008（18）.

［11］ 李慢，张跃先，郭晓宇 . 网络服务场景中的优势度情绪：一个有中介
的调节［J］. 南大商学评论，2018（1）.

［12］ 李肖峰 . 虚拟学习社区中社会存在感的影响因素研究［D］. 长春：吉
林大学，2011.

［13］ 李歆 . 网上节日场景中消费者冲动性购买行为的实证研究：基于情感
反应的研究视角［D］. 兰州：兰州大学，2016.

［14］ 李光明，蔡旺春，郭悦 . 购物网站交互性对顾客满意度的影响：远程
临场感与心流的链式中介作用［J］. 软科学，2016，30（1）.

［15］ 黎建新，甘碧群 . 服务企业的顾客兼容性管理探讨［J］. 消费经济，
2006（3）.

［16］ 卢艳峰，范晓屏，孙佳琦 . 网购多线索环境对消费者信息处理过程的
影响［J］. 管理学报，2016，13（10）.

［17］ 吕洪兵 . B2C 网店社会临场感与黏性倾向的关系研究［D］. 大连：大
连理工大学，2012.

［18］ 彭兰 . "人-人"连接的升级及其隐忧［J］. 新闻论坛，2018（1）.

［19］ 刘群阅，尤达，朱里莹，等 . 游憩者场所依恋与恢复性知觉关系研
究：以福州城市公园为例［J］. 资源科学，2017，39（7）.

［20］ 沈杰，王咏 . 品牌社区的形成与发展：认同感和计划行为理论的视角
［J］. 心理科学进展，2010，18（6）.

［21］ 沈涵，滕凯 . 旅游目的地广告的受众临场感和目的地态度研究［J］.
旅游学刊，2015，30（12）.

［22］ 童清艳，迟金宝 . 微信实时传播的社会临场感影响因子研究：以上海

交通大学学生微信使用为例 [J]. 上海交通大学学报, 2016, 24 (2).

[23] 唐文跃, 张捷, 罗浩, 等. 古村落居民地方依恋与资源保护态度的关系: 以西递、宏村、南屏为例 [J]. 旅游学刊, 2008 (10).

[24] 汤定娜, 廖文虎. B2C 网络购物临场感与跨渠道搭便车意愿的影响 [J]. 中国流通经济, 2016, 30 (10).

[25] 涂剑波, 陶晓波, 杨一翁. 购物网站服务场景、共创价值与购买意愿: 顾客契合的中介效应 [J]. 财经论丛, 2018 (12).

[26] 汪涛, 郭锐. 商业友谊对关系品质和顾客忠诚的影响之研究 [J]. 商业经济与管理, 2006 (9).

[27] 王沛, 刘峰. 社会认同理论视野下的社会认同威胁 [J]. 心理科学进展, 2007 (5).

[28] 王财玉, 邢亚萍, 雷雳. 网站临场感能否增强女性购买意愿? [J]. 心理与行为研究, 2017, 15 (2).

[29] 王江哲, 王德胜, 孙宁. 网络服务场景社会线索对顾客公民行为的影响: 持续信任、商业友谊的作用 [J]. 软科学, 2017, 31 (4).

[30] 汪旭晖, 冯文琪. SoLoMo 模式下品牌拟人化对品牌权益的影响研究 [J]. 商业经济与管理, 2016 (10).

[31] 于萍. 移动互联环境下的服务场景、感官知觉及顾客反应: 基于 4 家企业的案例分析 [J]. 财经论丛, 2018 (5).

[32] 张莹瑞, 佐斌. 社会认同理论及其发展 [J]. 心理科学进展, 2006 (3).

[33] 章佳. 品牌熟悉度与网站临场感对网店购物意向的影响研究: 基于服装类 B2C 网店 [D]. 杭州: 浙江大学, 2010.

[34] 赵宏霞, 王新海, 周宝刚. B2C 网络购物中在线互动及临场感与消费者信任研究 [J]. 管理评论, 2015, 27 (2).

[35] 温忠麟, 侯杰泰, 张雷. 调节效应与中介效应的比较和应用 [J]. 心理学报, 2005 (2).

［36］周慧玲，许春晓，唐前松．"认知差距""情感"与旅游者"场所依恋"的关系研究［J］．人文地理，2010，25（5）．

［37］沈蕾，郑智颖．网络消费行为研究脉络梳理与网络消费决策双轨模型构建［J］．外国经济与管理，2014，36（8）．

［38］温忠麟，叶宝娟．中介效应分析：方法和模型发展［J］．心理科学进展，2014，22（5）．

［39］贾旭东，谭新辉．经典扎根理论及其精神对中国管理研究的现实价值［J］．管理学报，2010，7（5）．

［40］赵晓煜，曹忠鹏．享乐型服务场景的场景要素与顾客行为意向的关系研究［J］．管理科学，2010，23（4）．

［41］李慢，马钦海，赵晓煜，等．服务场景中社会线索对顾客场所依恋的影响［J］．东北大学学报（自然科学版），2014，35（4）．

［42］李颖灏．国外关系营销导向研究前沿探析［J］．外国经济与管理，2008，30（12）．

（二）英文类

［1］BAKER J, COMERON M. The effects of the service environment on affect and of consumer perception waiting time: an integrative review and research propositions［J］. Journal of the academy of marketing science, 1996, 24 (4).

［2］BAKER J, GREWAL D, PARASURAMAN A. The influence of store environment on quality inferences and store image［J］. Journal of the academy of marketing science, 1994, 22 (4).

［3］BHATTACHARYA C B, SANKAR S. Consumer-company identification: a framework for understanding consumers' relationships with companies［J］. Journal of marketing, 2003, 67 (4).

［4］BIOCCA F A, HARMS C, BURGOON J K. Toward a more robust theory and measure of social presence: review and suggested criteria［J］. Presence: teleoperators and virtual environments, 2003, 12 (5).

[5] BITNER M J. Servicescapes: theimpact of physical surroundings on customers and employees [J]. Journal of marketing, 1992, 56 (2).

[6] BRICK S. Level of specialization and place attachment: an exploratory study of whitewater recreationists [J]. Leisure sciences, 2010, 22 (3).

[7] CHRISTOPHER J W, GERARD T K, STEPHEN G S. Natural area visitors' place meaning and place attachment ascribed to a marine setting [J]. Journal of environmental psychology, 2012, 32 (4).

[8] KENNY D, MARSHALL J F. Contextual marketing: the real business of the internet [J]. Harvard business review, 2000, 11.

[9] CRY D, HASSANEIN K, HEAD M, et al. The role of social presence in establishing loyalty in e-service environments [J]. Interacting with computers, 2007, 19 (1).

[10] FORTIN D R, DHOLAKIA R R. Interactivity and vividness effects on social presence and involvement with a web-based advertisement [J]. Journal of business research, 2005, 58 (3).

[11] GABBOTT M, HUGG G. The role of non-verbal communication in service encounters: a conceptual framework [J]. Journal of marketing management, 2001, 17 (2).

[12] GEFEN D, STRAUB D W. Managing user trust in B2C e-services [J]. E-service journal, 2003, 2 (2).

[13] GRONROOS C. Relationship marketing: the strategy continuum [J]. Journal of the academy of marketing science, 1995, 23 (4).

[14] GUENZI P, PELLONI O. The impact of interpersonal relationships on customer satisfaction and loyalty to the service provider [J]. International journal of service industry management, 2004 (9).

[15] HAN S, MIN J, LEE H. Antecedents of social presence and gratification of social connection needs in SNS [J]. International journal of information management, 2015, 35 (4).

[16] HASSANEIN K, MILENA H M. Manipulatingperceived social presence through the web interface and its impact on attitude towards online shopping [J]. International journal of human computer studies, 2007, 65.

[17] HASSANEIN, HEAD M. The impact of infusing social presence in the web interface: an investigation across product types [J]. International journal of electronic commerce, 2005, 10 (2).

[18] HASSANEIN, HEAD M M, JU C H. A cross-cultural comparison of the impact of social presence on website trust, usefulness and enjoyment [J]. International journal of electronic business, 2009, 7 (6).

[19] HESS T, FULLER M, CAMPBELL D. Designing interfaces with social presence: using vividness and extraversion to create social recommendation agents [J]. Journal of the association for information systems, 2009 (10).

[20] HOMBURG C, MULLER M, KLARMANN M. When does salespeople's customer orientation lead to customer loyalty? the differential effects of relational and functional customer orientation [J]. Journal of the academy of marketing science, 2011, 39 (6).

[21] HOPKINS C, GROVE S, RAYMOND M. Designing thee e-servicescape: implications for online retailers [J]. Journal of internet commerce, 2009 (8).

[22] HU H, JASPER C R. Social cues in the store environment and their impact on store image [J]. International journal of retail & distribution management, 2006, 34 (1).

[23] IJSSELSTEIJN W A, RIDDER H D, FREEMAN J, et al. Presence: concept, determinants and measurement [DB/OL]. Proceedings of SPIE: the international society for optical, 2000, 10 (12).

[24] SUH J C, YI Y J. When brand attitudes affect the customer satisfaction-loyalty relation: the moderating role of product involvement [J]. Journal of consumer psychology, 2006, 16 (2).

［25］ KEAVENEY S M. Customer switching behavior in service industries: an exploratory study ［J］. Journal of marketing, 1995, 59 (4).

［26］ KIM J, KWOM Y, CHO D. Investigating factors that influence social presence and learning outcomes in distance higher education ［J］. Computers & education, 2011, 57 (2).

［27］ KIM J J. Developing an instrument to measure social presence in distance higher education ［J］. British journal of educational technology, 2011, 42 (5).

［28］ KOTLER P. Atmospherics as a marketing tool ［J］. Journal of retailing, 1973 (12).

［29］ KUMAR N, BENBASAT I. Research note: the influence of recommendations and consumer reviews on evaluations of websites ［J］. Information systems research, 2006, 17 (4).

［30］ LAI K P, CHONG S C, ISMAIL H B, et al. An explorative study of shopper-based salient e-servicescape attributes: a means-end chain approach ［J］. International journal of information management, 2014 (8).

［31］ LANJANANDA P, PATTERSON P G. Determinants of customer-oriented behavior: in a health care context ［J］. Journal of service management, 2009, 20 (1).

［32］ LEE K M, NASS C. Social-psychological origins of feelings of presence: creating social presence with machine-generated voices ［J］. Media Psychology, 2005, 7 (1).

［33］ HEERINK M, KRSE B J A, EVERS V. Relating conversational expressiveness to social presence and acceptance of an assistive social robot ［J］. Virtual reality, 2010, 14 (1).

［34］ GABBOTT M, HOGG G. The role of non-verbal communication in service encounters: a conceptual framework ［J］. Journal of marketing management, 2001, 17 (2).

［35］ JONESM A, MOTHERSBAUGH D L, BEATTY S E. Switching barriers and repurchase intention in services ［J］. Journal of retailing, 2000, 76 (3).

［36］ OH J, FIORITO S S, CHO H, et al. Effects of design factors on store image and expectation of merchandise quality in web-based stores ［J］. Journal of retailing and consumer services, 2008, 15.

［37］ OU C X, PAVLOU P A, DAVISON R. Swift guanxi in online marketplaces: the role of computer-mediated communication technologies ［J］. Social science electronic publishing, 2014, 38 (1).

［38］ PAULOU P A, XUE L Y. Understanding and mitigating uncertainty in online exchange relationships: a principal-agent perspective ［J］. MIS Quarterly, 2007, 31 (1).

［39］ PETTY R E, CACIOPPO G T DAVID S. Central and peripheral routes to advertising effectiveness: the moderating role of involvement ［J］. Journal of consumer research, 1983, 10 (2).

［40］ PRICE L L, ARNOULD E J. Commercial friendships: service provider-client relationships in context ［J］. Journal of marketing, 1999, 63 (4).

［41］ ROSENBAUM M, MASSIAH C. An expanded servicescape perspective ［J］. Journal of service management, 2011, 22 (4).

［42］ ROSENBAUM M S. The symbolic servicescape: your kind is welcomed here ［J］. Journal of consumer behavior, 2005, 4 (4).

［43］ SCANNELL L, GIFFORD R. Defining place attachment: a tripartite organizing framework ［J］. Journal of environmental psychology, 2010, 29 (9).

［44］ JIN S A. Modality effects in second life: the mediating role of social presence and the moderating role of product involvement ［J］. Cyberpsychology behavior & social networking, 2009, 12 (6).

[45] SHIN D H, SHIN Y J. Consumers trust in virtual mall shopping: the role of social presence and perceived security [J]. International journal of human-computer interaction, 2011, 27 (5).

[46] SIN L Y M, TSE A C B, YAU O H M, et al. Relationship marketing orientation: scale development and cross-cultural validation [J]. Journal of business research, 2005b, 58 (2).

[47] SIN L Y M, TSEA C B, YAU O H M, et al. Market orientation, relationship marketing orientation, and business performance: the moderating effects of economic ideology and industry type [J]. Journal of international marketing, 2005a, 13 (1).

[48] SUNDARAM D S, WEBSTER C. The role of nonverbal communication in service encounters [J]. Journal of services marketing, 2000, 14 (5).

[49] TU C H. The measurement of social presence in an online learning environment [J]. International journal of e-learning, 2002 (1).

[50] TUNG F W, DENG Y S. Designing social presence in e-learning environments: testing the effect of interactivity on children [J]. Interactive learning environments, 2006, 14 (3).

[51] TIBERT V, JAAP V N, FRANS F, et al. Virtual customer service agents: using social presence and personalization to shape online service encounters [J]. Journal of computer-mediated communication, 2014, 10 (3).

[52] WILLIAMS D R, PATTERSON M E, ROGGENBUCK J W. Beyond the commodity metaphor: examining emotional and symbolic attachment to place [J]. Leisure sciences, 1992, 14 (1).

[53] ZAICHKOWSKY J L. Measuring the involvement construct [J]. Journal of consumer research, 1985, 12.

[54] SHERIF M, CANTRIL H, YOUNG K. The psychology of ego-involvements: social attitudes and identifications [J]. American journal of sociology, 1947, 10.

附录 1
扎根开放式访谈参考提纲

1. 平时会看直播吗？都看哪些类型的直播？

2. 平时会看服饰、美妆或珠宝类的电商直播吗？会看哪些？

3. 是看直播还是看重播？一般会花多少时间看直播？

4. 会在什么时间看，在什么地点和情境看？

5. 为什么会看？你觉得电商直播中的主播哪些地方吸引你？

6. 你常看的直播间主播是一个什么样的人？

7. 除了了解服饰搭配等，你在看直播的时候，觉得快乐吗？有愉悦的情绪吗？

8. 收看直播时，主播的语音语调、幽默感、热情、外貌、仪态等会影响你吗？

9. 会买博主推荐的产品吗？让您产生购买意愿的主要原因是什么？

10. 直播中其他人的问题或互动对你有影响吗？会怎么样影响你？你会提问吗？

11. 直播的信息对您决定购买该产品是否有影响？如果有，主要体现在哪几个方面？

附录 2
电商直播服务场景社会线索、认同感、商业友谊和场景依恋问卷

尊敬的先生/女士：

您好！非常感谢您在百忙之中接受我们的问卷调查。这是一份学术性的研究问卷，调查目的是为研究网络购物场所中电商直播对顾客场景依恋的影响。如果您平时有看过服装、美妆护肤、流行饰品、珠宝或童装等行业的淘宝或其他电商平台直播一周以上，请回答本问卷，否则请不要填写。请您以自己经常看的一家网店的直播为参照。您所回答的答案并无对错之分，只希望您能表达自己的真实意见和想法。您的热心参与将有助于研究的顺利完成，谢谢您的支持与协助！

第一部分：电商直播服务场景社会线索

说明：请您根据自己的经历和实际情况，以及该电商直播服务场景中社会线索的实际情况，对表格中的相关描述进行评价。

潜变量名称及代码	编号	度量题项	非常不同意	不同意	有点不同意	一般	有点同意	同意	非常同意
举止体态（JZ）	JZ1	在观看该直播时，我觉得主播和模特都很亲切友善							
	JZ2	在观看该直播时，我觉得主播和模特举止和行动大方得体							

（续表）

潜变量名称及代码	编号	度量题项	非常不同意	不同意	有点不同意	一般	有点同意	同意	非常同意
举止体态（JZ）	JZ3	在观看该直播时，我感觉主播和模特恭敬有礼							
	JZ4	在观看直播时，我觉得主播和模特仪表整洁							
语言沟通（LC）	LC1	直播过程中，主播和模特能使用通俗易懂的语言介绍产品							
	LC2	直播过程中，主播和模特能让整个直播气氛舒适愉悦							
	LC3	直播过程中，主播和模特能使用表示尊重的语言							
	LC4	直播过程中，主播和模特语言表达清楚准确							
服务技能（SS）	SS1	在观看直播时，我觉得主播训练有素，技能熟练							
	SS2	在观看直播时，我觉得主播对用户提出的问题能积极响应并准确回答							
	SS3	在观看直播时，我觉得主播能及时提供用户需要的服务							
	SS4	在观看直播时，我觉得主播在这个领域有较为丰富的专业知识							

第二部分：认同感

说明：请您根据自己的经历和实际情况，以及该电商直播服务场景的实际情况，对表格中的相关描述进行评价。

潜变量名称及代码	编号	度量题项	非常不同意	不同意	有点不同意	一般	有点同意	同意	非常同意
认同感（COG）	COG1	我对别人对该主播的看法很感兴趣							
	COG2	我愿意关注与主播有关的信息和主播的发展状况							
	COG3	我会向身边的人传播该主播的正面信息，同时抵制负面信息							
	COG4	当有人觉得该直播和主播还不错时，我会感到很开心							

第三部分：商业友谊

说明：请您根据自己的经历和实际情况，以及该电商直播服务场景实际情况，对表格中的相关描述进行评价。

潜变量名称及代码	编号	度量题项	非常不同意	不同意	有点不同意	一般	有点同意	同意	非常同意
商业友谊（BF）	BF1	我对主播有一种熟悉的感觉							
	BF2	我每次在直播间看到主播都像是看到一个熟人或朋友							
	BF3	我喜欢为我服务的主播							
	BF4	主播就像对待朋友一样对待我，不光把我作为一名顾客							

第四部分：场景依恋

说明：请您根据自己的经历和实际情况，以及该电商直播服务场景实际情况，对表格中的相关描述进行评价。

潜变量名称及代码	编号	度量题项	非常不同意	不同意	有点不同意	一般	有点同意	同意	非常同意
场景认同（SCOG）	SCOG1	观看这家店铺直播是我生活的一部分							
	SCOG2	这家店铺和直播对我很有意义							
	SCOG3	这家店铺和直播对我很特别							
场景依赖（SR）	SR1	如果进行同样的购物活动，我会优先选择这家店铺							
	SR2	在这里观看直播和消费能很好地满足我的需求							
	SR3	在这里观看直播和消费比在别处更让我满意							
	SR4	观看这家店铺的直播和购物对我来说是一种享受							

第五部分：直播涉入度

说明：请您根据自己的经历和实际情况，对表格中的相关描述进行评价。

潜变量名称及代码	编号	度量题项	非常不同意	不同意	有点不同意	一般	有点同意	同意	非常同意
涉入度（IN）	IN1	这个直播对我来说很重要							
	IN2	我会定期关注这个直播							
	IN3	这家店铺有直播我就会看，尤其是在上新或促销期间							
	IN4	观看这家直播已经成为我生活的一部分							
	IN5	观看这家直播对我而言很有意义							

第六部分：个人基本情况

1. 您的年龄是：

A. 18 岁以下

B. 18 ~ 25 岁

C. 26 ~ 35 岁

D. 36 ~ 45 岁

E. 45 岁以上

2. 您的性别是：

A. 男

B. 女

3. 您的学历是：

A. 高中及以下

B. 本科

C. 研究生

4. 您的收入是：

A. 暂时无收入

B. 5000 元以下

C. 5000 元 ~ 10000 元

D. 10000 元以上

附录3
电商直播服务场景社会线索、社会临场感和在线行为意向问卷

尊敬的先生/女士:

您好! 非常感谢您在百忙之中接受我们的问卷调查。这是一份学术性的研究问卷,调查目的是为研究网络购物场所中电商直播对顾客行为意向的影响。如果您平时有看过服装、美妆护肤、流行饰品、珠宝或童装等行业的淘宝或其他电商平台直播一周以上,请填写本问卷,否则请不要填写。请您以自己经常看的一家网店的直播为参照。您所回答的答案并无对错之分,只希望您能表达自己的真实意见和想法。您的热心参与将有助于研究的顺利完成,谢谢您的支持与协助!

第一部分: 电商直播服务场景社会线索

说明: 请您根据自己的经历和实际情况,以及该电商直播服务场景中社会线索的实际情况,对表格中的相关描述进行评价。

潜变量名称及代码	编号	度量题项	非常不同意	不同意	有点不同意	一般	有点同意	同意	非常同意
举止体态（JZ）	JZ1	在观看该直播时,我觉得主播和模特都很亲切友善							
	JZ2	在观看该直播时,我觉得主播和模特举止和行动大方得体							

（续表）

潜变量名称及代码	编号	度量题项	非常不同意	不同意	有点不同意	一般	有点同意	同意	非常同意
举止体态（JZ）	JZ3	在观看该直播时，我感觉主播和模特恭敬有礼							
	JZ4	在观看直播时，我觉得主播和模特仪表整洁							
语言沟通（LC）	LC1	直播过程中，主播和模特能使用通俗易懂的语言介绍产品							
	LC2	直播过程中，主播和模特能让整个直播气氛舒适愉悦							
	LC3	直播过程中，主播和模特语言表达清楚准确							
服务技能（SS）	SS1	在观看直播时，我觉得主播训练有素，技能熟练							
	SS2	在观看直播时，我觉得主播对用户提出的问题能积极响应并准确回答							
	SS3	在观看直播时，我觉得主播在这个领域有较为丰富的专业知识							
	SS4	在观看直播时，我觉得主播能及时提供用户需要的服务							

第二部分：社会临场感

说明：请您根据自己的经历和实际情况，对表格中的相关描述进行评价。

潜变量名称及代码	编号	度量题项	非常不同意	不同意	有点不同意	一般	有点同意	同意	非常同意
空间临场感（HP）	HP1	在观看直播时，我感到直播中展示的商品就在我眼前							
	HP2	在观看直播时，我感到主播就在我面前给我介绍商品							
	HP3	在观看直播时，我感到这种介绍产品的方式真实直观							
社会临场感（SP）	SP1	在观看直播时，我感到自己仿佛是在真实的商店购物							
	SP2	在观看直播时，我感到就是在跟一个真实的人打交道							
	SP3	在观看直播时，我感到我，主播和直播间其他人之间存在一种亲近感							
	SP4	在观看直播时，我有一种温馨的感觉							

第三部分：在线行为意向

说明：请您根据自己的经历和实际情况，对表格中的相关描述进行评价。

潜变量名称及代码	编号	度量题项	非常不同意	不同意	有点不同意	一般	有点同意	同意	非常同意
在线行为意向（BI）	BI1	我愿意在该网店浏览更长时间							
	BI2	我以后还会来该网店购物							
	BI3	与其他网店相比，购买同类时我会首先考虑该网店							
	BI4	我会向他人推荐该网店							

第四部分：个人基本情况

1. 您的年龄是：

A. 18 岁以下

B. 18 ~ 25 岁

C. 26 ~ 35 岁

D. 36 ~ 45 岁

E. 45 岁以上

2. 您的性别是：

A. 男

B. 女

3. 您的学历是：

A. 高中及以下

B. 本科

C. 研究生

4. 您的收入是：

A. 暂时无收入

B. 5000 元以下

C. 5000 元 ~ 10000 元

D. 10000 元以上

后 记

　　本书是在我的博士论文基础上修改完善而成的。我在读博初期，便将质化研究和量化研究运用到博士论文写作中。因为广告学的学科属性，决定了量化研究是主流的研究方法，所以读博期间，在研究方法上投入了大量的精力。那个时候电商直播可以说是刚刚起步，直播购物还没有发展到今天的规模，所以，本书的研究也可以说起了一个抛砖引玉的作用。

　　非常感谢我的导师姚曦教授，他对我非常宽容，无论是在选择研究选题上，还是在日常生活中，都给予我充分的尊重和接纳。我也非常感谢张金海教授，在读博期间以及课题申报过程中，他给予我非常专业的指导。感谢徐开彬老师在研究方法上给我的帮助，博士期间所学的质化研究方法，给予我非常大的帮助，开阔了我的视野。感谢在学习方法过程中，遇到的张伟豪老师和李连江老师以及很多很多无私分享自己研究的老师。师长们在我成长过程中，都曾给予无私的帮助，我内心非常感恩。

　　感谢湖南师范大学出版社编辑部主任李阳博士对我的指导。感谢他的信任、专业性和良好的判断力。本书的出版离不开他的帮助。

　　本书的出版获武汉工商学院博士科研基金项目（编号：D2023002）资助。

　　期待各位专家和同行的批评指正。

张梅贞
2024 年 11 月 20 日